浙江省社科规划一般课题（科普读物）-20KPCB06YB
浙江省社科联社科普及出版资助项目



传统·传承：

# 象山海洋非物质文化

苏勇军　编著

浙江工商大学出版社
ZHEJIANG GONGSHANG UNIVERSITY PRESS
·杭州·

图书在版编目（CIP）数据

传统 · 传承：象山海洋非物质文化 / 苏勇军编著 .
— 杭州：浙江工商大学出版社，2020.8
ISBN 978-7-5178-3867-8
Ⅰ . ①传 … Ⅱ . ①苏 … Ⅲ . ①海洋—非物质文化遗产
—介绍—象山县 Ⅳ . ① G127.554

中国版本图书馆 CIP 数据核字（2020）第 083432 号

传统 · 传承：象山海洋非物质文化
CHUANTONG CHUANCHENG XIANGSHAN HAIYANG FEI WUZHI WENHUA
苏勇军　编著

责任编辑　任晓燕
封面设计　林朦朦
责任印制　包建辉
出版发行　浙江工商大学出版社
（杭州市教工路 198 号　邮政编码 310012）
（E-mail：zjgsupress@163.com）
（网址：http：//www.zjgsupress.com）
电话：0571-88904980，88831806（传真）
排　　版　杭州红羽文化创意有限公司
印　　刷　杭州宏雅印刷有限公司
开　　本　710mm × 1000mm 1/16
印　　张　12.75
字　　数　161 千
版 印 次　2020 年 8 月第 1 版　2020 年 8 月第 1 次印刷
书　　号　ISBN 978-7-5178-3867-8
定　　价　58.00 元

# 目录

1 第一部分 **背　景**

5 第二部分 **象山海洋非物质文化概况**

一、海洋非物质文化内涵 6

二、象山海洋非物质文化渊源 8

三、象山海洋非物质文化遗产分布 9

（一）类型分布 9

（二）空间分布 10

四、象山海洋非物质文化特征 10

（一）承载历史 11

（二）原汁原味 11

（三）“渔”味无穷 12

（四）传承创新 12

15 第三部分 **象山海洋非物质文化**

一、海洋信仰 16

（一）妈祖娘娘信仰 16

（二）如意娘娘信仰（石浦—富岗如意信仰） 19
（三）宋皇爷信仰 22
（四）鱼师大帝信仰 23
（五）天门都督信仰 24
（六）白鹤大帝信仰 25
（七）姜毛二神信仰 26
二、民间文学类 27
（一）传说故事 28
（二）渔家歌谣 55
（三）渔家谚语 63
三、地方方言 65
四、传统民俗 72
（一）海洋民俗 72
（二）民俗节事 93
五、传统艺术 107
（一）传统音乐 107
（二）传统舞蹈 115
（三）传统戏剧 130
（四）传统曲艺 134
（五）传统工艺美术 138
六、传统技艺 146
（一）传统生活技艺 146
（二）传统生产技艺 160
七、传统体育、游艺与杂技 170
（一）渔区传统体育竞技 170
（二）渔区少儿传统游艺 172
175 第四部分 **象山海洋非物质文化传承**
一、象山海洋非物质文化遗产价值 176

二、象山海洋非物质文化保护与传承 180

189 参考文献

193 后　记

# 第一部分

# 背景

非物质文化遗产是各族人民世代相传并视为文化遗产组成部分的各种传统文化的表现形式，以及与传统文化表现形式相关的实物和场所，也是民族文化的精华、民族智慧的象征、民族精神的结晶。作为中华民族优秀传统文化的重要组成部分，非物质文化遗产对传承民族文化、聚焦民族认同、重塑民族精神、增强文化自信具有重要意义。

象山县位于我国海岸线中部、长三角南翼的东海之滨，由象山半岛和沿海 656 个大小岛屿组成，陆域面积 1382 平方千米，海域面积 6618 平方千米，海岸线绵延 925 千米，因县城西北有山“形似伏象”而得名。

象山三面环海，两港相拥，西与宁波市的宁海县接壤；北濒象山港，与宁波市的奉化区、鄞州区隔水而望；南临三门湾，与台州市的三门县遥遥相对；东面为浩瀚的东海，与日本相去不远，众多海上航线经此而过。清朝初年所修的《康熙象山县志》曾这样概括：象山县“东接扶桑，南抵琉球国，西达瓯闽，此其大观也”。象山县东西最大距离约为 70 千米，南北最大距离约为 90 千米。三门湾的内港蟹钳港和象山港的内港西沪港分别从南北两个方向拦腰嵌入内陆，将整个象山县分为东西两部分，东部为南北走向的长条形，西部呈三角形，西沪港与蟹钳港之间的陆地则呈蜂腰形。

悠远漫长的历史在这片山青海蓝的土地上，孕育出海韵十足的风土人情，积淀出浩瀚如海的非物质文化遗产。徐福东渡传说、赵五娘寻夫故事等传遍市井村岙，爵溪渔鼓、渔民号子等响彻渔港码头，母子龙、灵南狮舞等欢庆新春元宵，提线木偶、唱新闻等演尽人间百态，竹根雕、船模等享誉海内外，新桥盐、岑晁醋走进千家万户，还有渔民开洋和谢洋节、石浦三月三、大塘红庙庙会等民俗节日，更是一场场民间盛会。“百里海岸，千年渔乡”，祖祖辈辈耕海牧渔，世代生息中形成的习俗，深深地印在象山的文化形态中，积淀成独特的文化底蕴。

随着岁月的流逝、科技的进步、经济的繁荣和中外交往的日益频繁，象山海洋文化外延不断扩展，内涵日益丰富，突出表现为精美独特的渔业文化、俊逸秀美的海洋民俗文化、源远流长的宗教信仰文化、山明水秀的海洋景观文化、中外交融的海洋商贸文化，还有富含海洋特色的海洋盐业文化、港口文化、海防文化、海外交流文化、养生文化、名人文化、文学艺术等。象山海洋文化虽历经数千年的演进、整合与重构，但基本精神却是一脉相承的，包括海纳百川的开放性，兼容并蓄的亲和力，博采众长、厚积薄发的创新力，植根民间、生生不息的生命力。

值得注意的是，近一二十年来，象山很多非物质文化遗产，尤其是一些传统民俗、舞蹈、戏剧等部分非物质文化遗产项目因依赖于特殊的生活生产方式，随着时代的变迁和发展，失去了存在的土壤。非物质文化遗产保护最大的特点是口口相传，人在艺在、人亡艺亡，这就导致非物质文化遗产保护传承相当困难。在大规模的旧城改造、新港建设浪潮中，传统港市、渔乡面目全非，大量海洋非物质文化遗产“濒危”。因此，加强对象山海洋非物质文化遗产的调查、提炼与整合是继承、发扬传统文化的一项重大而紧迫的任务。

第 二 部 分

# 象山海洋非物质文化概况

# 一 海洋非物质文化内涵

联合国教科文组织在《保护非物质文化遗产公约》中对非物质文化遗产如此定义：非物质文化遗产是“指被各社区、群体，有时是个人，视为其文化遗产的各种社会实践、表演、表现形式、知识和技能及其有关的工具、实物、工艺品和文化场所。”随着各类群体和团体所处环境、与自然界的相互关系和历史条件的变化，这种代代相传的非物质文化遗产不断得到创新，使其具有一种认同感和历史感，从而促进了文化多样性和人类创造力的发展。

非物质文化遗产主要包括以下五个方面的内容：

（1）口头传统和表述，包括作为非物质文化遗产媒介的语言。口头传统由于形态特异，在传承和使用中不能完全脱离口头表述，如白蛇传说、梁祝传说等。

（2）表演艺术。表演艺术是通过人的演唱、演奏或人体动作、表情来塑造形象、传达情绪或情感，从而表现生活的艺术。其代表性的门类通常是音乐和舞蹈。

（3）社会风俗、礼仪、节庆。社会风俗是历代相沿积久、约定俗成的风尚、礼仪、习惯的总和，是人们在衣食住行、婚丧生老、岁时节庆、生产娱乐、宗教信仰等方面形成的广泛的行为规范和文化心理。民俗礼仪是指传统的婚、生、寿、居、开业、节、丧以及作客与送礼的礼仪及日常禁忌。世界各民族有许多具有民族特色的传统节日，如我国的春节、元宵、清明、端午、七夕、中秋、重阳、腊八等。

（4）有关自然界和宇宙的知识和实践。指有关自然界和宇宙的民间传统知识和实践，包括民间科学和民间哲学，如民间医学、周易等。

（5）传统的手工艺技能。指具有高度技巧性、艺术性的手工，如挑花、刺绣、缂丝等。

非物质文化遗产是由人类以口头或动作方式相传，具有民族历史积淀和广泛、突出代表性的民间文化遗产，曾被誉为历史文化的“活化石”“民族记忆的背影”。

基于此，我们认为海洋非物质文化遗产是指各种以非物质形态存在的与沿海民众生活密切相关、世代相承的传统文化表现形式，包括口头传说、传统表演艺术、民俗活动和节庆礼仪、有关海洋的民间传统知识和实践、传统手工技艺等，以及与上述传统文化表现形式相关的文化空间。海洋非物质文化遗产是沿海居民在长期的涉海行为过程中积淀形成的具有海洋特征的非物质文化遗产，具体包括海洋族群与船家社会形态以及多时空、多元的海洋神灵崇拜、海洋民间文学、海洋民间音乐、民间舞蹈、传统戏剧、传统曲艺、传统手工艺、传统美术、渔民体育娱乐与杂技、传统海洋饮食、传统生产生活民俗、渔区方言俚语、海洋节庆、非遗传承人等。

# 二 象山海洋非物质文化渊源

1989年1月，丹城塔山文化遗址出土大批先民墓葬。经鉴定，墓葬内的人骨架距今已6200余年，证明当时已有人类于象山繁衍生息。

塔山遗址是新石器时代晚期文化遗址，位于象山县城塔山南麓的缓和山坡上，面临大海，离古海岸线只有几十米，总面积约20000平方米。此遗址文化堆积层厚80—230厘米，分作10个地层，分属于3个大的历史时期：早期时代相当于余姚河姆渡遗址三期，泥质红陶、夹炭陶、夹砂陶比例较高；中期文化内涵接近良渚文化，泥质灰陶、黑皮陶大量出现；晚期时间上相当于商周时期，几何印纹陶数量较大。主要器形有豆、釜、鼎、罐、钵、碗、壶、盆、陶环、支座、石刀、石斧、石犁、有段石石奔、破土器、耘田器、箭镞、网坠、石球、石凿、石管、玉块、玉珠、玉桂饰等，其中月牙形镂孔褐衣陶豆、单耳矮圈足罐等器具具有鲜明的塔山遗址的个性。装饰性纹饰在塔山遗址早期文化中大量出现，如绳纹、锥刺纹、鱼纹、鸟纹、月牙形装饰、涡纹、附加堆纹等。

“人家住在潮烟里，万里涛声到枕边。”石浦港是个天然避风良港，汉代即行渔，商开埠。在宋、元、明、清时期，石浦一直是海洋渔商繁华之地，号称“浙洋中路重镇”。当今，石浦仍是华东唯一的“国家六大中心渔港”。所以，象山以海洋文化为主流的文化遗产犹如天造地设，能够独树一帜。象山的渔俗、渔号、渔歌、渔谚、渔灯以及渔家人文礼仪和劳作文化，甚至由先辈造船捕鱼技术衍生而来的船模制作技艺、海洋海味烹饪技艺等也十分丰富。象山临海港湾岛礁众多，先辈世代择海而居，利用港湾岛礁讨海而生，继而向大海挺进，积累了丰富的战胜汹涌无常大海的生产经验与生活习俗，创造了大量的海洋民间文化遗产。立庙祭海、造节拜海、乡俗祈海、艺文颂海、歌舞娱海等比比皆是。东门岛的14座古庙及其民间年年自发举办的渔民开洋节、谢洋节，就是活脱脱的写照。

另外，唐代初年，象山就有制盐产业，北宋时期，规模已盛，置官办玉泉盐场，所流传下的制盐技艺与制盐习俗，又是象山非物质文化遗产的一个亮点。值得一提的是，历史上象山的海防文化很是引人注目。自宋、元起，石浦东门就有宋兵、元兵驻守，筑有宋元城墙。明代布防更盛：驻守舟山的昌国卫因军事所需成建制地迁于石浦东门岛，后又迁至现今昌国卫古村（旧称后门山），传说这都是戚继光属部。当年象山曾有1卫、4000户所、3个巡检司、20多个寨堡，古迹遍布象山沿海。充满军事火药味的泥马传说、十八指挥故事，舞刀弄棍的盾牌舞，纪念战死将士的昌国庙会等，均由此闻世传承。

## 三 象山海洋非物质文化遗产分布

### （一）类型分布

象山海洋非物质文化遗产，反映着象山人民代代相传、岁岁积淀的劳动与生活的文化轨迹，所包含的门类极广，如民间文学、民间艺术、民间音乐、民间舞蹈、民间技艺、民间习俗、民间节令、民间礼仪等。依据目前收集到的资料分析，象山非物质文化遗产资源共分17类，共计1100多项。其中民间文学占24.2%，民间艺术占2.5%，民间舞蹈占2.5%，戏曲占0.7%，曲艺占0.9%，民间杂技占0.2%，民间美术占3%，民间手工技艺占

18.8%，生产商贸习俗占 3.3%，消费习俗占 4.3%，人生礼仪占 10.5%，岁时节令占 7.4%，民间信仰占 6.9%，民间知识占 3.2%，游艺、传统体育与竞技占 2.8%，传统医药占 5.2%，其他占 3.6%。

### （二）空间分布

象山海洋非物质文化遗产从地域分布上看呈现出“大分散、小集中”的格局。首先，象山海洋非物质文化遗产在全县城乡平衡分布。如生活习俗，节时习俗，民间艺术（龙舞、灯舞、服饰）各地大同小异。在渔区，渔家号子、渔歌、渔谣、渔谚相当普及。徐福传说、赵五娘传说等也大多为人知晓。100 多年前从福建渔民传入石浦的民间音乐细十番，丹城人、墙头人、高塘岛人等都能比较完整地演奏，且队伍不下十支。所以，区域分布松散交叉、均衡普遍应是象山海洋非物质文化遗产布局的显著特征。其次，象山海洋非物质文化遗产核心内容地域分布集中的状况突出：以石浦为中心，沿东门、渔山、昌国、鹤浦、高塘岛、旦门等沿海一带，是渔区的海洋渔俗文化丛；以丹城为中心，沿墙头、茅洋、爵溪、涂茨海域一带，是徐福、安期生、陶珍景的道家长生文化丛；以东门岛为中心，沿延昌、鹤浦、渔山一带，是海神妈祖（如意）信仰文化丛；以石浦（金星、延昌）为中心，沿新桥、涂茨一带，是盐技盐俗文化丛；以爵溪（白沙湾）为中心，沿丹东街道、大徐镇、涂茨镇一带，是赵五娘儒孝文化丛。

## 四 象山海洋非物质文化特征

因地域条件、历史条件等诸多因素的制约，在这块独特的土地上所传承的各项非物质文化遗产，具有鲜明的个性化特征，大致情况如下：

## （一）承载历史

几千年的半岛文明史，在此海此山间传承至今，曾经发生过的、创造过的，或者大规模流经过的文化现象和大规模的生产活动、惊心动魄的军事活动、丰富的文化活动、名人往来等，虽有志书史料文字记载，但更多的鲜活记忆，却存遗于象山民间，成为我们现在仍可能触摸到的一笔文化财富。如设于民国初的象山玉泉盐场现保存1651卷纸质档案，其中，盐田建设卷包括公文、盐场公务员人事变动、调查表、政绩表、员工名册、信札、电报、账册、契约、证书、书稿、笔记等，公署业务卷包括盐务事宜、运销业务等，盐政管理卷包括盐场审核、凭证制盐等，晒盐技艺卷包括晒盐、操作技术等。通过这些珍贵的资料，我们可以非常清晰地理解历史上象山沿海区域的生产、生活与经贸活动以及区域社会变迁。又如徐福传说刻画了一个抱负宏远、博学多智、具有冒险精神的徐福形象，反映了先民探索未知世界的愿望，对民族性格的形成具有重大影响。徐福传说开了中国航海史和对外文化交流史的先河，具有重要的历史文化价值和学术价值。

## （二）原汁原味

象山地域相对封闭，文化交融的速度相对迟缓。这恰恰给非物质文化遗产的原生态特征营造了一个自我保护的大环境。象山的非物质文化遗产项目，虽然也有外来文化改造的印记，但原汁原味、土生土长的东西仍然很多。无论是人生礼仪的婚娶生子（代拜堂等），还是四时八节习俗（十四夜等），抑或是点心糕果（米馒头等），海鲜制作（鱼丸、鱼面等），象山人都有着独特的一套文化遗存。从娱乐方面上看，象山渔灯制作、船模制作、渔家号子、渔家音乐，也土得有滋有味。如戚家军流传下来的盾牌舞、石浦镇的鱼师庙活动、大塘乡的五月二十七灭蝗庙会、古老的晒盐技艺等，可谓是一地一品，十分珍稀。

## （三）“渔”味无穷

象山的海洋文化源于境内的塔山文化，距今已有6000余年历史。从两期发掘出土的文物看，居住在今县城南庄平原的先民当时就已以海为生，大量的陶制品留下了他们亲手描绘的水波纹以及贝壳印痕。因此，象山的文化传承，无论是航海、捕鱼、开洋、谢洋、造船、晒盐，还是岁时节日、庙会、娱乐等，大多与渔业生产紧密相关。如妈祖信仰、如意信仰、开洋节、谢洋节、渔家习俗、渔家艺术、节庆庙会等，以及渔家号子、抬搁、龙灯舞、鱼灯舞、细十番、鱼丸、鱼糍面等。这些以渔业文化为特征的象山海洋非物质文化遗产项目比例最高，约占60%以上。从空间看，象山的渔文化集中分布于五大特色文化区：东门海岛妈祖信仰文化区，石浦老街渔商、渔贸、生活习俗文化区，延昌老街妈祖—渔师信仰文化区，昌国古村明代卫所海防文化区，渔山海岛妈祖—如意信仰文化区。这些特色渔文化区，勾画出象山渔文化的资源特色。

## （四）传承创新

传承与创新是传统文化前行的两个轮子，二者缺一不可。例如，石浦—富岗如意信俗是在独特的海洋生存环境和历史文化背景中形成的民俗信仰活动，在象山已有几百年的历史。20世纪中叶，由于种种历史原因，如意娘娘神像千里迁移至我国台湾，与大陆隔海相望。尽管如此，两岸民众的文化认同、孝道理念等却是一致的，共同的信仰和理念，势不可当地产生了石浦—富岗如意信俗。石浦—富岗如意省亲仪式是如意娘娘从我国台湾台东富岗新村回故乡石浦省亲而举行的仪式，始于 2007 年中国开渔节，此后年年举行，一直没有间断。如意省亲迎亲仪式是如意原始信俗的延伸，尤其是迎亲祭祀仪式，在沿袭传统的基础上有所创新。同宗同祖的两岸渔家走亲戚般地交往起来，他们自创了一套台湾如意娘娘如何启程登机，如何客居石浦东门妈祖庙，如何共同护神守夜，如何参与中国开渔节石浦港妈祖巡游等程式，以同奉平安海神，祈祷福祉。这就是象山国家级非物质文化遗产——石浦一富岗如意信俗的独特文化征象。

同时，跨地域的文化交融推动了区域文化的创新发展。从汉代起，就有福建渔人来石浦捕捞直到移居石浦。石浦中街外段，干脆就叫“福建街”，想必当初那是福建渔家的天下。石浦沙塘湾渔村，至今老老小小讲的仍是地道的“福建话”。石浦延昌现仍有“三山会馆”遗址，会馆实际上就是为解决福建渔人来石过往而设的。“非遗”项目中石浦中街的渔俗文化、石浦渔区的渔家服饰、石浦民间的吹打音乐细十番等，就是数百年前，从福建传入的。当然，从宁波传来的宁波走书与唱新闻，从温台传来的提线木偶，从宁绍传来的紫雄调等，各地皆盛的龙舞狮舞等，也有着明显的传来痕迹，体现着象山民间文化吸纳各地民俗形式的精神。

第三部分

# 象山海洋非物质文化

# 一 海洋信仰

恩格斯指出："宗教是在最原始的时代从人们关于自己本身的自然和周围的外部自然的错误的、最原始的观念中产生的。"这就是说，原始宗教或者神灵信仰的产生，与人类本身和外部环境有关。原始沿海、海岛居民由于处在原始时代，科学文化水平低下，认知能力有限，而他们所处的外部环境却远比内地居民险恶和复杂得多，例如当海上出现灾难性事件时，他们无法认知其原因与规律，无法对这些现象做出科学的合理性解释。这样他们只能把原因归之于人类无法达到的超自然的神力，似乎冥冥之中有神灵在起作用，这就是涉海居民神灵观念产生和盛行的起因。因而，作为半岛的象山不仅有妈祖、龙王等诸海神，还有对天门都督、鱼师大帝、白鹤大帝、如意娘娘、宋皇爷等名目繁多的信仰，从而构成了一个以海神为核心的层次分明、系统的海洋神灵信仰体系。这一信仰体系祭祀频繁、礼仪奇特，信仰活动渗透在每个鱼汛的主要环节和人生礼仪的一举一动中。

## （一）妈祖娘娘信仰

宁波自古为"海道辐辏之地"，是海上丝绸之路的重要始发港。宁波地区包括观音、妈祖、如意娘娘在内的“海神信仰”由来已久。南宋光宗绍熙二年（1191年），福建船商沈法询在宁波首立天后神龛，通过妈祖这个海上保护神，把福建船商联合起来，可以说这是宁波妈祖信仰的肇始。清代中晚期，妈祖信仰在宁波达到鼎盛，并逐渐被本地舶商和渔民认同，成为海运业的共同保护神。甬籍舶商所建规模最大、最为著名的天后宫，当数位于甬江东岸，与闽人所建的老天后宫隔江相望的“甬东天后宫”。该天后宫又称“庆安会馆”，是清咸丰三年（1853年）甬籍北洋舶商（即“北号”）所建，“规模宏敞，视东门旧庙有其过之”，其规模之大，在当时宁波首屈一指。其南侧另有清道光年间甬籍南洋舶商（即“南号”）所建的“安澜会馆”。两会馆每逢旧历妈祖诞辰和升化之日，都要举行盛大的祭祀活动。各类地方戏剧奉于戏台，成为弘扬妈祖文化的主要场所。

象山是典型的半岛，三面滨海，一路穿陆，岛屿星罗棋布。民多从事捕鱼、海运、营汛（水师），祈求出海平安，唯求天后娘娘。清康熙二十三年（1684年），海禁既弛，闽粤居民来石浦经商和从事海运、海捕，商贾辐辏，定居石浦人数超过当地居民。他们带来了信仰，特别是天后信仰，并捐资建造天后宫。象山境内有天后宫34处，其中属石浦镇的有17处。象山文史研究者竺桂良先生曾撰文指出，浙东地区所奉天后是北宋宫女寇珠，故三月二十三日诞期或平常时节宫中谢神演戏，禁演《狸猫换太子》，便是一证。寇珠，俗称寇承女，《狸猫换太子》中寇珠救主，陈琳棒打寇承女，妇幼皆知。

玄真宫：在昌国卫前街西端，依山面东。建于明洪武间，前后二殿，2004年因建路被毁。主奉真武大帝，后殿奉天后娘娘。传说明成祖乃真武大帝投胎下凡，永乐间派郑和七下西洋，海上平安就是因为有天后娘娘护法。又昌国卫指挥武胜曾下西洋，亦受天后保护。因此，玄真宫既奉真武，又奉天后。

三山天后宫：在延昌街。嘉庆九年（1804年），由福州寓户黄其鸣等捐建，浙江巡抚陈若霖捐奉竖额“三山天后宫”。左门额“河清”，右门额“海晏”，正门竖“三山天后宫”，门楼5楹联戏台，左右5厢楼。后殿5楹，厢楼各3楹。清嘉庆间，内设三山会馆。光绪二十三年（1897年），内设普安水龙会。前有广场、照壁，陈若霖题字犹可见，昔外为海涂，今离海200米。旧宫拆建学校宿舍，只留照壁与嘉庆二十五年禁碑一块。1996年，在后殿重建天后宫，大殿3楹，主奉天后。

铜关天后宫：在延昌铜关路廊之上，俗称铜关庙。铜关天后宫原规模较大，气势宏伟。占地3亩，外为照壁，进山门为门楼、戏台、大殿、后殿及厢楼；三进两横；大殿是天后宫，后殿为慧云庵。始建年月无考，光绪十六年（1890年）重修，民国十六年（1927年）毁于火。时宫住持阿祖师太，见火势勿收，急将天后神像移出，幸免于火，后送藏天台国清寺。国清寺方丈之南，于民国二十一年（1932年）捐资重建，计大殿、后殿各7楹，左右厢楼各2楹。前殿石柱有释之南题联曰：“海不扬波，纵无岸无边，稳渡慈航于旦夕；民皆乐业，应诚惶诚恐，群歌母德最高深。”今庙尚存，神殿称圣母殿。

石浦天后宫：在沿港中路第一冷冻厂后面山上。始建年月无考。清康熙年间王廷凤创捐重建。乾隆十四年（1749年）、道光十九年（1839年）重修，颇具规制，兼作闽广会馆。殿右有宫殿式舲舟一艘，大小如舢板，俗称娘娘船。大殿有一匾“大德曰生”，举人佘勉翰书。

东门天后宫：在东门岛东门村中。始建年月不详。清嘉庆二十四年（1819年）重建，1986年捐修。1999年重修戏台。夏历三月廿三日为妈祖诞辰，也是东门渔民扬帆出海、北上岱衢山捕洋山黄鱼的启程日。出海前祭神赛会，确保平安与丰收，成为村民一年中盛事。庙会自十五日开始，礼拜天后，备三牲福礼，飨享天后，虔诚祈祷，上供时间必选涨潮时分，期财源随潮滚滚来。洋山鱼汛于夏历六月二十日结束，渔船返航，再次到天后宫演戏庆丰收，庆平安归来，称“谢洋戏”或“还愿戏”，盛时连演七天七夜。夏历九月初九日为妈祖升天之日，岛上渔妇村姑纷纷到天后宫进香祈福，又有一番盛况。

## （二）如意娘娘信仰（石浦—富岗如意信仰）

数百年来，石浦渔山岛的渔民在惊涛骇浪里讨生活，面对变化无常的大自然和凶险莫测的讨海生活，渔山岛人创造了自己的保护神，并形成了富有鲜明海岛渔区特色的传统信俗——如意信俗。

如意信俗是石浦妈祖信俗的组成部分，也是石浦渔山岛人特有的传统文化形态。相传如意娘娘原为渔山岛上的一位善良、孝顺、勇敢的渔家少女。有一天，如意的父亲出海捕鱼遇难，当她得知噩耗后，万分悲痛。第二天，如意跟船出海，想要寻找父亲的遗体。当渔船行至父亲落海处时，已寻不到父亲的一丝踪影。如意悲从心起，奋不顾身冲向大海，瞬时消失在滚滚浪涛之中。众人大惊之余，有人下海营救，但遍寻不着尸身，只在女子落海处拾得木板一块。当地人感念女子孝行，将浮木拾回后雕成少女塑像，在渔山岛建庙纪念，后被称为“如意娘娘庙”。因此，“如意娘娘”成为宁波、台州、温州沿海一带渔民祈求平安的精神寄托。

与石浦东门岛天后宫里供奉的妈祖娘娘一样，如意娘娘成为渔山岛渔民的海上保护神。渔民出海捕鱼前要举行“开洋”仪式，捕鱼回家时则举行“谢洋”仪式，祭祀如意娘娘，保佑自己平安、丰收。平时生活中碰到了无法解决的难事，也都来求告如意娘娘指点迷津，帮自己渡过难关。一代代的渔山岛人，就在这种神奇的传统信俗和美丽的精神慰藉中成长起来。如意信俗，已经成为他们精神生活中不可缺少的元素。

1955 年，国民党从大陆撤退时，将大陈岛居民 14000 余人、渔山岛居民 487 人，带至我国台湾，统称“义胞”。渔山岛居民撤离前，以柯位林（“亚洲飞人”柯受良之父，渔山岛居民）为代表的渔民，将本岛如意娘娘装箱带到台湾。若干年后，去台渔山人，建设了台东富岗新村，村中建了海神庙，安置了从故乡带去的如意娘娘塑身，仍以故乡旧民俗的方式，在台湾祈祷如意娘娘，以保佑百姓讨海平安、生活安康。因念故土，富岗新村渐被众人称为台湾“小石浦”。2007 年 7 月 27 日，台东富岗村村民柯位林率渔山岛的原住居民与后代组团 54 人，首次奉台湾如意娘娘赴故土渔山岛祈福祭祖，开创了象山石浦一台东富岗（小石浦）两岸娘娘神明省亲迎亲习俗：

第一，起身祭。如意娘娘在富岗海神庙动身前一天，庙里要为她诵经祭拜。置八仙桌祭台，放鸡、鸭、鱼、肉、水果、饼干等祭品，祭司告知娘娘，某年某月某日，因何要起身回大陆家乡省亲。

第二，落地祭。当如意娘娘队伍到达家乡目的地、目的庙的村口时，要举行落地祭，有如现代社会举行的欢迎仪式。落地祭接待方要摆祭桌，祭桌一般是八仙桌 1—2 张，上置祭品鸡、蛋、鱼、肉，备酒及老式酒杯，置香炉。请吹打乐队迎候。组织村中信徒几百人，每人持香接驾。对方省亲队伍，在村外下车步行进村，铜鼓队开道。当娘娘坐轿到接待方祭桌前，要停轿受拜。人们念经烧纸，然后同迎娘娘进村进庙。

如意娘娘到渔山娘娘庙，因为是到“家”了，可以居中停放。到东门妈祖庙，因为是在姐姐家做客，妹妹如意只能停放于大殿中堂小位（即左侧）。以后出巡，也只能姐姐（妈祖）在前，妹妹（如意）在后，不能乱了秩序。

第三，守夜。如意娘娘省亲来访，一般均要在客庙住上几天，双方都会各指派信徒 4—6 人，负责通宵上香陪护。

第四，赠礼。也似人间主、客往来，神明往来赠礼也不可或缺，礼品重轻不计。

第五，客祭。对于远道而来的客神如意娘娘，当地信徒更是虔诚有加，不断有人前来上香祭拜，男人们祈祷合境平安，女人们祈祷生活安康，姑娘们祈祷美丽快乐，孩子们祈祷学业有成。

第六，送别祭。如意娘娘回程起身之日，同样要在村口祭拜欢送，仪式与落地祭相同，只是娘娘回程时，众信徒要护送她一程。

第七，回庙祭。如意娘娘返回台湾原庙后，同样要以香火祭拜仪式，告慰娘娘，一路辛苦，平安到家。

现供奉如意娘娘的庙宇保存完好的，主要有以下两个。

浙东渔山娘娘庙：娘娘庙位于北渔山岛大岙，始建于清代，1956 年废，1989 年台湾富岗村民柯位林与其弟柯位方等十余人首次从台湾返渔山岛祭祖、祭庙。见庙废，遂捐款 6 万元修庙，1990 年修成。庙占地面积 300 多平方米，庙宇三间 100 多平方米，供奉如意娘娘、观音菩萨、财神菩萨。因出于神秘的木板浮海传说，原庙的如意坐身双手扶于膝上约一块 20 厘米 ×100 厘米的特置木板上。娘娘庙的祭祀时间是农历七月初六日，为娘娘生日。

台湾富岗村海神庙：海神庙位于富岗村东海岸，始建于 1960 年，占地 600 多平方米，有庙屋、戏台，供奉如意大娘娘（原渔山娘娘塑身，之前另奉小庙）、二娘娘、三娘娘、妈祖娘娘、保生大帝、池府王爷、广泽尊王（药王爷）、财神菩萨以及众兵将，合 100 余尊。祭祀时间同样是农历七月初六日，不过一般从初一就开始，连祭 6 天。请法师诵经，村民有二三百人普度、祝寿。除此之外，每年的农历正月十五日，还举办庙会，抬各位菩萨出巡。

2008 年 6 月 25 日，第二批国家级非物质文化遗产名录上，“石浦—富岗如意信俗”被收录其中。

## （三）宋皇爷信仰

宋皇帝信仰是象山石浦渔区特有的海洋信仰。宋皇爷指南宋末代七岁小皇帝赵昺。幼帝年号祥兴，在位仅两年（1278—1279 年）。

传宋人因元兵追赶，一干人马出临安（今杭州）经福建、广东逃生至悬海之岛崖山（今广东新会南五十千米崖门镇）躲避国难。宋军投兵民二十余万（其实半数以上为文官、百姓），以千余战船集结死守崖山洋面。激战十余天后，元军（主师为宋军降将张弘范）计谋多端，设计火烧宋兵战船，以少胜多，宋军大败。据史料记载，有大臣、战将、士卒、太监、妃子、宫女、随属、百姓，挤在由铁链连接的千条宋船上无路可退，只得先后纷纷弃船跳海自尽，南宋皇朝精英班子及随行臣民全都殉了国。战死淹死的，尸有十万，血染沧海，令人毛骨悚然。小皇帝赵昺被吓得大哭，左丞相陆秀夫先以利剑逼妻儿跳海，再肩背七岁小皇帝身负皇印跳海，随后杨太后投海殉国，南宋王朝就此覆灭。在决定南宋生死存亡的海战进行时，元军竟让早一年（1278 年）在广东海丰五坡岭被俘的右丞相文天祥居元战船观战，文天祥痛恨至极，遂在元战船上作《过零丁洋》诗一首，留下“人生自古谁无死？留取丹心照汗青”的历史名句。四年后文天祥在元大都（今北京）被杀。

之后传说小皇帝赵昺的小龙袍、小绣鞋竟漂至象山石浦昌国沙滩，民众当即捞起衣物，在海边山坡筑起小皇帝的衣冠冢。据说，衣冠冢在今中国渔村进门右侧山坡，方形有墙，今已全废。再之后，附近村庄得名宋皇城村，沙滩得名皇城沙滩，庙宇得名宋皇庙（一在延昌，一在兰家，一在平岩，一在阳明山庄，一在司前，一在南岙，一在漩潭）。但有趣的是渔家祭祀的各宋皇庙，拜的却是白胡子老皇帝，而不是年幼的小宋皇。

## （四）鱼师大帝信仰

渔民认为，渔师爷掌管海洋渔事兴衰，阴阳同理，必得立庙祭祀。“鱼师”一名，《辞源》中有多种含义：一是古代撑渔官，二为鸟名，三为鱼名。第一种含义古已有之，《三国志》中有一位叫孟仁的，正是三国时代的撑渔官，也有人称为“监鱼梁”，传说至明清时还有该职。更有传说，鱼师会亲自上船帮渔民海洋听鱼、观鱼，指引渔人捕鱼，此善举更为人称道。大帝有庙，称鱼师庙，沿海而建，数量不多。

鱼师庙是石浦当地的重要文物古迹之一。渔民为感念鱼师，建鱼师庙，奉为鱼师大帝，香火不绝。渔民出海返航，都携带家眷到鱼师大帝前祈祷，保佑其平安丰收。20 世纪，当地许多人看到过一个奇异壮观的景象——“大鱼朝拜”：每年春汛，数以千计的海豚从铜瓦门鱼贯而入，次第昂首于鱼师庙前，在海港内扬鬐鼓鬣、凌波起舞，频频跳跃叩首，蔚为壮观。尔后，向南摇尾而去，经下湾门或蜊门口匿迹。大批海豚进港，港内渔民、渔船安然无恙，未曾发生过险情。关于这一景象，有一个民间广为流传的故事：

相传，600 多年前，石浦东关地界来了一对阎姓母子，在附近大岩石下濒海之处（今石浦宾馆）结茅而居。那中年母亲荆钗布裙，终日纺麻织网，操持家务，见到人时总点头一笑，却从不多语。那少年生得双眸有神、体格魁梧、体肤黝黑，村里人都叫他阎黑，他也笑着答应了。阎黑天天跟着大伙一起驾船打鱼，偶有闲暇，还不忘练武习文，日子过得倒也自在。

几年后的某日，阎黑坐在茅檐下观书，恍惚有一个银须垂胸的老者来至跟前，拱手言道：“我是东海龙王敖广，今有大事相求，幸恕冒昧。”原来开春以来，北海出了个水怪，十分厉害，连连袭击敖广所辖水域，捉住江猪（海豚）便吃，说是江猪肥美，吃上万头即可升天为仙。老者诉道：“江猪是我臣僚，一向憨厚，彼此朝夕相处已千年，现今江猪快被吃尽，我也不活了，求壮士救我，恩同再造。”阎黑说道：“素闻龙宫兵多将广，王爷何至如此？”老者坦言道：“实不相瞒，虾兵蟹将虽多，亦仅为宫中仪仗所用，真正御侮杀敌，却是个银样镴枪头！”阎黑正待沉吟，耳边忽闻一片叫喊：“黑大哥，潮都快涨平了，你怎么还不来呀？”阎黑猛地醒来，想起刚才龙王救援一事，才知是梦，不觉莞尔。

过了数日，一位长官在阎宅篱门处下轿。阎黑瞧见，忙不迭迎了上去，纳头便拜，说道：“莫城隍，不知尊驾光临寒舍，有罪，有罪！”莫城隍扶起阎黑，携手进了茅堂，落座即道：“阎壮士，昨夜敖广来本府，述说水怪肇事一节，你是知道的吧。”阎黑闻言大惊，遂将日前托梦之事学说了一遍。不久，阎黑凭借他的非凡才智和神勇，终于降伏了水怪，救下江猪一族。此后，每逢四月十三阎黑生辰这天，不管刮风下雨，江猪的子孙们必乘潮来至阎宅（即后来的鱼师庙）前，凌波舞蹈，蹁跹有致，久久不肯离去。这一稀世奇观在石浦港年年出现，足见鱼亦有情。

阎公晚年做过一阵子地方小官，专理沿海渔事，政绩斐然。不久，辞官还家。死后，为不忘他生前“两护”（护渔和护鱼）之功，石浦父老将其东关旧居辟建为阎公祠，供四季祭祀。数年后，又将祠扩为鱼师庙，尊奉阎公为大帝，永享香火。

## （五）天门都督信仰

天门都督为保护渔港、渔商及出海渔民之神。

在象山东门岛上，有一座“祚圣庙”，这座庙宇原名叫“东门庙”，里面供奉着被称为“天门都督”的神祇。据传天门都督信仰开始于唐贞观年间，宋《乾道四明图经》有记：“祚圣庙，旧系东门庙，在县南一百里。

按:《图经》旧载其神号天门都督，未详事迹。今按：东门山在县南海中，去州一千二百里，其山与台州宁海县接境，山高二百丈，周回二十五里，两峰对峙，其状如门，阔一百五十余步，下有横石如阈，潮退之时，奔水冲涌，不可轻涉，唯波平风息乃可以渡。其下有庙，号为东门。盖在宁海之东，故以名之。其庙神，传为天门都督。或云，今置庙处，正当古鄞县东南，是承西北天门之势，庙侧之水，亦自西北山而来，故有天门之称。尊敬其神方之连率、都督。”古渔家、古渔商过往时常用牲礼祭祀神，甚是灵验。《乾道四明图经》记载，唐朝贞观年间，有个名叫金林的会稽人，经常航海到台州去做生意，每到东门庙，必来祭祀，因此发了财。只是有一次，这个金林在东门庙祭拜完天门都督后，在海上航行了十多里，结果遇上了风暴。金林知道自己一定是得罪了天门都督，于是仔细检查，终于发现自己误拿了东门庙中的祭品。他于是返回东门庙中，奉还祭品，并且一再向天门都督表示感谢。最终，他一路顺风顺水。唐朝永徽年间，有个名叫蔡藏的越州人，因为在泉州建造佛像而获利不少。但他从泉州返回越州路过东门庙时，却没有好好祭拜天门都督，结果离开东门后才航行几里，船就翻了，所有钱财都沉入大海，只有人幸免于难。南宋皇帝赵构于建炎四年（1130年），题“祚圣庙”一额。古庙已废，遗址尚存，今庙为1982年在原址上重修。

## （六）白鹤大帝信仰

白鹤大帝赵炳是何许人也？据《后汉书·方术列传》载：赵炳，字公阿，东阳（今金华）人，善越方（方术），东汉时期的道士、医学家 。史实资料证明白鹤大帝赵炳是最早的海上保护神。

东汉正是兵荒马乱的战争年代，传染病和流行病四处蔓延。赵炳和徐登二人因方术结缘，志同道合，在义乌县用道术济世救人。后因师徐登辞世，赵炳便独自向东前行，来到章安郡（今椒江区章安街道）。由于赵炳以精湛的医术治病，以神奇的禁术服人，并行济世救人之道，因此周围追随、崇拜他的人也越来越多。这事引起了当时章安郡长官心理的不平衡，最后找了个“惑众”的借口，杀了赵炳并将其遗体抛入灵江。其尸自章安溯流至临海桃渚白鹤山，临海民众在白鹤山建“灵康庙”祭祀，因颇为“灵验”，故称“白鹤大帝”。

白鹤大帝在水上升天，因此民众以为其能够保护海洋平安、海塘平安。据传每每台风、海啸来时，白鹤大帝护海护塘十分灵验。浙东多白鹤庙，据《象山县志》《南田县志》记载，泛石浦渔港（含南田、高塘）地区石浦横峙、高塘鱼潭等地就有白鹤庙 9 座。《象山县志》载，象山全境有白鹤庙 31 座（不含旧南田县），今大多败落。也有以白鹤庙名义扩建成佛教寺庙的“白鹤禅寺”。

## （七）姜毛二神信仰

据清代雍正《象山县志》载：“南市中二神，姜姓、毛姓，古传为唐进士，弃官隐此，施药济人，卒而有灵，乃立庙祀焉。”据象山姜毛庙中一块清嘉庆十八年（1813 年）的“公禁碑”载：姜、毛二公同为进士，学识渊博；志趣相同，皆厌弃官场，携手同隐于象山蓬莱山麓，悬壶济世，造福象山民众。二公之事不胫而走，广被颂扬，名震江左（长江下游以东地区）。连朝廷也听说了他俩的事迹，并特赐“护国庇民”之称号。《象山县志》记载：“至今渡海者，或遇风涛，号神望救，即浪静波平，获济无恙，里境有祭。”

姜毛庙，俗称“姜殿庙”，位于如今象山丹城街道十字街西南，占地两亩，是县城内唯一幸存的具有清代早期风格的古庙。姜毛庙始建于元，明嘉靖二十八年（1549 年）扩修，粗具规模。清嘉庆十八年（1913 年）大修，殿宇恢宏，现存大殿即是此期间重修的。清同治五年（1866年）前部遭火焚，同治十三年（1874年）重建到座楼、两厢楼及戏台。民国九年（1920年）建后殿。20世纪40年代一度辟为戏院，后亦作丹城镇公所和小学。

姜毛庙所处的南境（今羊行街、南门、五丰三村范围），历来是县城政治、经济、文化的中心。农历三月十二日一廿七日是姜毛庙传统庙会期。庙会结束日的行纸会（灯会），规模盛大，从姜毛庙旁的羊行街开始，先进入西境，转南境、东境、庄穆境再到羊行街散会，因此有“羊行街双转会”之说。

## 二 民间文学类

海洋民间文学艺术作为人类海洋文化创造的心灵审美化形态，记录和展示着人类海洋生活史、情感史和审美史，是人类海洋文明发展史上重要的精神财富。这些流传于象山沿海、岛屿各地的民间故事、民间歌谣、民间谚语，深刻反映了象山人民群众的传统美德，反映了人们爱憎分明、扬善弃恶、爱美厌丑的思想和愿望；这些民间文学作品，集中体现了象山沿海居民热爱劳动、为追求美好理想而艰苦奋斗的创业精神，团结互助、先人后已、舍己为公的崇高品质，诚信谦虚、礼貌待人的道德风尚，家庭和睦、尊老爱幼的伦理道德，以及劳动人民在海洋生产、生活中敢搏风浪、勇斗海天的聪明才智。这些内容，不论是正面颂扬，还是侧面揭露，都属于精神文明建设范畴，反映了一个地区劳动人民的精神寄托和向往，受到广泛的欢迎，构成了独特的海洋文学艺术景观。

## （一）传说故事

### 1. 徐福东渡传说

徐福东渡的传说，是中国文化史上的一件大事，更是象山文化史上的一件大事。因为象山是徐福“入海求仙”的唯一隐居地，也是最后东渡日本的起航点。唐《蓬莱观碑》记载：“昔相语秦始皇帝使乎仙□（岛）辈，徐福也。使泛沧海，访神仙之术于蓬莱山，此□□□□（秦徐福尝）游止之。药灶踪残，丹井泉在观名焉。”这些文字描述了徐福隐居象山的修炼生活。徐福在象山“隐迹”期间，其足迹遍及象山半岛各地，留下的遗踪和民间传说十分丰富。

象山的徐福传说是一个以“徐福隐居象山”故事为中心的故事群，这些故事多以象山各地的徐福遗迹为引子成篇。从已采收的资料分析，大致分为以下五类。

（1）东渡与起航传说。这类传说，主要讲述徐福东渡的过程和相关片段，包含了东渡起因、落脚象山及最后起航东渡日本的几个阶段。

秦始皇完成统一大业后，开始寻求长生不老之术。于是他昭告天下，寻找能献上长生不老药的能人。其中有一个叫徐福的方士自告奋勇，说海上有三神山，叫蓬莱山、方丈山和瀛洲山，他可为始皇帝向山上的仙人求药。徐福先在渤海附近漂荡，始终没有见到所谓的神山。此后，他又巧言骗取了秦始皇的信任，说蓬莱的仙药正好可采，但是奈何蓬莱远在东海，且所备物资不足。秦始皇闻后大悦，命徐福率领百工巧匠技师和三千童男童女，备足粮食浩浩荡荡出海寻仙。几经转折，徐福船队开进了象山的大丹山下。只见那山郁郁葱葱，透着一股仙气。徐福见了便断定这就是蓬莱山。然而，众人上山却找不到仙药，无法向秦始皇交代，于是便决定在这里长期隐居。他们先在山上造起了蓬莱观，又在山脚挖了一口井，众人在此过着自由自在的生活。但好景不长，第二年（公元前 210 年）秦始皇来到了鄮县（现宁波市鄞州区）海滨。因鄮县和蓬莱山仅一港之隔，若秦始皇得知此事，定会惹上杀身之祸。于是徐福带着众人连夜逃跑，最终到了日本安居下来。

（2）遗迹传说。这是象山徐福东渡传说故事群中数量最多的一类，故事主题为徐福隐居象山期间在各处所留遗迹，讲述了象山与徐福的渊源，传递着徐福曾生活在此地的信息。

蓬莱泉。现在丹城西北丹山脚下，有一座丹山井，古称蓬莱泉，传说此泉与徐福有关。当年徐福奉秦始皇的命令，到海上寻找“三神山”。来到今宁波象山的蓬莱山，由于在海上长途漂泊，众人已是筋疲力尽、口渴至极。于是他站在山坡上东张西望，突然发现自己正站在一个凹陷的地方，不禁大喜，便命众人向下挖掘。果真其下有一股清泉喷涌而出，泉水清冽爽甜。徐福顿觉有神灵保佑，方能得此仙泉，便说道：“大家在蓬莱山安顿下来后，在这里挖口水井吧。”从此这口水井便称为蓬莱泉。因南朝梁陶弘景曾于此修道炼丹，投丹于井，故蓬莱泉又名“丹井”。宋代象山县令林旦有《蓬莱泉》诗，称徐福“采药瀛洲去，扁舟竟不还。黄金成海外，故井独人间”。

徐福留字。象山蓬莱山西麓，有一块叫蓑衣岩的石头，刻着谁也看不出名堂的古篆，相传这是两千多年前的方士徐福留下的。一日，徐福带几个人来到蓬莱泉西首的一个山谷。山谷树茂草盛，泉水叮咚，十分幽静。此时有人提议可否在旁边的岩石上刻几个字以示纪念。徐福一听，心想自己带了三千童男童女来到这里，有谁知道海上奔波之辛苦，不妨在此留字让后人略知一二。哪知岩石上那弯弯曲曲的文字太过久远，无人能识。又因为这块石壁形如一件蓑衣，当地就叫它“蓑衣岩”。蓑衣岩在 20 世纪开山采石过程中被采挖而遗失。

徐福筑蓬莱观。象山地区流传一首民谣："蓬莱山下蓬莱泉，蓬莱泉旁蓬莱人，蓬莱人筑蓬莱观，蓬莱观修蓬莱仙。"民谣中修筑蓬莱观的蓬莱人就是徐福。传说自从徐福上山掘得蓬莱泉后，便满心欢喜，始知蓬莱有灵仙。当天晚上他做了一个梦，梦见蓬莱仙子向他走来，对他说："谁说蓬莱缥缈中，蓬莱原在你心中。"他恍然大悟，第二天便命百工砍树伐木，在蓬莱泉旁筑蓬莱观。他要在这里祈拜天地，帮助他寻得长生不老之药。徐福东渡后，蓬莱观就成为百姓祭祀徐福的地方，香火不绝。

（3）地名传说。地名传说，主要讲述象山一些地名的产生与徐福隐居象山这一事件的渊源。

道人山传说。据说，徐福在象山隐居期间，打听到象山东海岸边有个海岛，形状不凡，仙气翻腾。徐福带手下上岛寻找仙药，一上岸就碰到了安期生。两人同是秦代方士，多年不见，自然是无话不讲。但是两人为了是否要为秦始皇寻药的事情起了争执，安期生一气之下远走广东、海南，徐福则带童男童女漂流到了日本。因为传说徐福和安期生都到过这个海岛，所以此海岛被称作道人山，这一地名流传至今。

西泸港。西泸港畔，至今留有两个古村落，相传与徐福船队泊岸有关。一个村庄叫"墙头"，古称为"樯头"，也就是"樯桅之上"的村落。另一个村庄至今仍叫"舫前"，即画舫前面的村庄。徐福的船队云集西泸港畔，部下就近建房，这些房屋远望恰如桅杆顶上的村庄和画舫前面的民居。

（4）风物传说。这类传说，讲述徐福对象山当地的民俗风情和饮食习惯产生的影响。

梓树脑。传说徐福带领的三千童男童女和百工，初次来到象山，刚一品尝美味佳肴，便上吐下泻，水土不服。见众人肚痛、腹泻，徐福也束手无策。于是他决定下山寻找民间秘方，偶遇一位童颜鹤发的老人，徐福彬彬有礼地向老人请教，老人了解病因后，就在旁边一株小树上摘了一枝叶给徐福，并告诉他食用方法。徐福按照老者的嘱咐熬煮出树叶的汤汁分给众人，果有奇效，于是再次向其请教此为何物。老者说这叫“梓树脑”，从此大家记住了“梓树脑”。至今象山民间仍采集梓树脑晒干贮藏，作常年化食药物。

乌饭团。象山人吃一种稻米做的点心，叫乌饭团。做乌饭团有个讲究，一定要先用山上的乌饭树叶泡汁，用乌饭汁泡糯米后，再做饭团。乌饭团颜色青乌发亮，醇香扑鼻，是地道的长寿食品。象山人吃乌饭团，据说是徐福流传下来的。两千多年前徐福来到象山蓬莱山，住在山脚彭老村一带。彭老村是个很古老的村庄，徐福看到村人都在吃一种叫作乌饭的树叶，一问才晓得这种树叶可以保健益寿，就叫手下百工做饭时掺和进这种树叶。而后百工们又发明了用叶汁做点心的方法。虽然徐福走了，但是用乌饭树叶汁做点心的办法却流传了下来。

（5）神话传说。徐福在象山被传成了神，他在象山隐居期间的事，演绎成许多日后流传的神话故事。

徐福与蝙蝠结友。蝙蝠精的传说，在象山由来已久，据说这与徐福求仙有关。石屋洞里有很多蝙蝠，一到夜晚，就成群结队地出洞觅食。石屋和徐福的炼丹亭相隔不远，蝙蝠一从石屋飞出，就看到炼丹的火光，蝙蝠们争先恐后地朝火光扑去，纷纷死在丹灶中。徐福为这些蝙蝠惋惜痛心，于是每当有蝙蝠飞来，便吹出仙气把蝙蝠送回洞中，这样连续几回，蝙蝠再也不出石洞了。其中一只蝙蝠，极有灵气，还是从洞中飞出，但不是扑向丹灶，而是绕炼丹亭飞舞。徐福看着喜欢，取出炼丹的药物朝蝙蝠抛去，蝙蝠很灵巧地吞下药物，然后又飞回洞中。从此以后，这只蝙蝠就成了炼丹亭的常客。徐福的“福”字和蝙蝠的“蝠”读音相同，徐福也乐于和它相处，久而久之，就结成了好友。后来徐福走了，这只蝙蝠仍然在石屋洞中藏身，因吃过徐福的仙药修炼成精，每当月圆之夜，都要出洞“晒月亮”，传说这就是人们偶然能在石屋附近看到的蝙蝠精。

徐福点化水牯岩。传说徐福在蓬莱山炼制长生不老仙丹时，因带来的童男童女时常要到蓬莱山上的石屋去探奇，打破了这一带的寂静，惊动了以石屋为修炼胜地的水牛精。水牛精不欢迎这些陌生人，当得知徐福在用透瓶泉圣水修炼长生不老丹时，更是又气又愤，于是就封堵了石屋洞中的透壁泉水源。透壁泉、透瓶泉是一脉相承的，封了透壁泉就等于切断了透瓶泉。徐福发现泉水枯竭，就来到石屋一探究竟。只见水牛精悠然地在石屋洞中打瞌睡，徐福不理他，走进石屋洞，把封堵的东西清除掉，水牛精勃然大怒，与徐福抗争。徐福巧言把水牛精引出石屋洞，来到一处偏僻之地，挥手在水牛精腿上一点，水牛精就被点化成一块石头。然后徐福用手指当刀，在岩石上刻了几行六国文字写的点化语。传说这就是被历代志书称为“了不可识”的蓑衣岩古篆，也被老百姓称为水牯岩。

徐福东渡传说从不同方面谱写了中华民族最早有组织、较大规模与海外文化交流的辉煌历史，并推动了日本社会由绳纹文化向弥生文化飞跃的文明历史。应该说，徐福既开了中国航海史之先河，又开了对外文化交流的先河，成为中、日、韩三国的“和平使者”。

2008 年，徐福东渡传说被收录在国家级非物质文化遗产名录中。

### 2. 赵五娘传说

赵五娘传说主要源于象山东部的爵溪街道一带，在象山县内及邻县宁海等地广为流传，近年来还远播至香港、澳门、台湾等地区。

相传，早年有户人家，妻子叫赵五娘，丈夫叫蔡伯喈。蔡伯喈上京赴考，家里穷困潦倒。赵五娘向四亲六眷借了银两，给伯喈上京赶考。

蔡伯喈一去十年，没有音讯。五娘伴着年迈阿公阿婆苦度光阴。这年，遇上灾荒，稻麦颗粒无收。五娘起早摸黑挖草根树皮填饥。阿公阿婆经不起饥饿折磨，抛下五娘去世。没钱埋葬公婆，五娘只好剪下自己的头发卖几个钱买了棺材；叫不起人工，五娘用手扒土挖坑埋葬了公婆。

赵五娘孤身一人，无依无靠，日夜思念丈夫。她叫人画了公婆画像，挟一顶雨伞，背一把琵琶，上穿黑衫，下着白裙，千里迢迢，到京城去寻找丈夫。

赵五娘一路走，一路思念着丈夫。想到伤悲时，就捧起琵琶，弹了起来。越弹越伤悲，眼泪像珠子一样滴下来，连成一条线，变成一条岭。这条岭就是现在大徐的相思岭。

走啊！走啊！赵五娘又到一个地方，只见前面山连着山，峰叠着峰，悬崖绝壁挡道，连飞禽走兽也要回头。五娘坐下来歇歇气，解下多日没洗的脚纱布，这解脚纱布的地方就叫下纱沙。五娘掸了掸脚纱布上的尘土，刚巧吹来一阵风，那长长的雪白的脚纱布随风飘去，轻轻地落在山中。霎时，一条弯弯曲曲的白色小路出现在面前。转了七个大弯，绕过八座山冈，一直伸向很远很远的小山湾。这就是人们所说的七弯八岗。

赵五娘过了七弯八岗，来到白沙湾，走进弥陀寺。把公婆画像挂在菩萨前面的供桌上，跪在地上求菩萨保佑她找到丈夫。不一会，寺外“嘭嘭”响起铜锣声。寺里和尚说是一大官来了，叫五娘回避。等大官走了，赵五娘出来一看，画像没了。和尚讲：“画像被大官收去了。”还讲了大官相貌。五娘一听，叫出声来：“这是我夫蔡伯喈啊！”和尚大吃惊：“你别弄错了，这大官是京城赫赫有名的牛宰相女婿蔡状元，今日就是去牛相府招亲的。”五娘忍着痛，咬着牙，跌跌撞撞朝和尚指点的方向追去。

山高路窄，三寸金莲的赵五娘用伞当拐杖。奇怪的是，伞往地上一戳，岩头上便留下一个伞头印子，这就是现在白沙湾的印伞岩。五娘追到一个陡峭的坎坡，没路了。五娘用手挖洞，一步一步爬上去。手指挖破了，鲜血染红坎坡，人们就叫这地方为赤坎。

赵五娘爬上坎坡，面前是茫茫荒野，哪里有丈夫的影子！五娘站在一块大青石上，天渐渐暗下来了，眼前模模糊糊现出一座城郭的影子，不觉一阵心酸，叹道："伯喈呀伯喈，你抛下爹娘妻子，独自去牛府招亲，良心何在！"五娘气极，脚一蹬，蹬得大青石陷地三尺，石头中央留下五娘三寸金莲的脚印。脚印下的石头突然冒出一股青烟，托着赵五娘，慢慢升上天空。这天，正是八月初三。后人把送赵五娘上天的大青石称为升天石。

赵五娘上天了，人们还时时刻刻思念她。后来，有人在弥陀寺塑了尊女菩萨，跟赵五娘活着时一模一样。每逢八月初三赵五娘升天日，来弥陀寺朝拜者成千上万，直到现在依然如此。

赵五娘传说具有重大的文化价值、历史价值和学术价值。传说传递了一个在逆境中追求正义和理想，对爱情忠贞的赵五娘形象，表现了贤淑、正直、忠贞、勤劳、善良等中华民族优秀女性的传统美德，这些美德印刻在广大人民心里，对民族性格的形成已经并将继续产生重大影响。传说具有独特的地域文化特征，是我国民间文学宝库中的瑰宝，是中华民族优秀的文化遗产。

2009 年，赵五娘传说被列入浙江省第三批非物质文化遗产名录。

### 3. 象山沿海抗倭传说

在明代，由于日本国内形势变化，酿成倭寇侵扰浙江沿海地区的倭患，掀起一场中国军民奋起抗击倭寇的斗争。

象山沿海地处抗倭前哨，当年曾设 1 卫、4 千户所、3 个巡检司、20 多个寨堡。在抗倭斗争中，涌现出了以戚继光为代表的爱国将领，他们依靠人民的力量，在抗倭斗争中屡建战功，最后取得了抗倭斗争的胜利。

象山抗倭传说的内容主要包括"敬爵太公怒打倭寇""抗倭名将易绍宗阵亡记"和"将军庙"三部分。

"敬爵太公怒打倭贼"传说：明朝嘉靖年间，倭寇入侵浙闽一带，东海之滨的象山也深受其害。东溪村有一个叫敬爵的人，身材魁梧、力大无穷，还懂武功。他心地善良、爱憎分明，对倭奴入侵恨之入骨，决心为民除害。一天，敬爵太公在拗脚窝干农活，听到有一村民在大声呼喊："庙前杨大路上有一伙倭贼来了！"敬爵太公闻讯后，使出浑身解数把一棵柳树连根拔起，把倭贼打得抱头乱窜，他还把击毙的倭贼首级割了下来，挂在村前大树上。浙江海道副史得知太公怒打倭贼的消息后，一面禀报平倭大将军戚继光，一面特制匾额一块，匾额上书"征戎第一功"五个金光闪闪的大字，挂在东溪励氏宗祠的正厅上，褒奖太公打倭之功。

"抗倭名将易绍宗阵亡记"传说：明洪武三十七（1397年），易绍宗升调象山钱仓千户所任千户。易绍宗英勇善战，治军严谨。建文三年（1402年），倭寇从县东北沿海登陆劫掠汤岙、潘家坎等村，易绍宗决心与倭匪决一死战。面对数以万计的亡命歹徒，易绍宗毫无惧色，身先士卒上前劫杀，最后其战马陷入海涂不能自拔，终因精疲力竭被贼杀害，以身殉国。事后，其妻李氏偕孤赴京奏于朝廷（即现在南京）面陈此事。明建文皇帝亲颁诏书，追封千户易绍宗为忠义士，还特地为他赏赐金头一颗，并敕命为他建造坟墓十八座，以防金头被盗，其真坟葬在崔家岙上峰的玉泉山上，年年赐祭并刻石以旌其忠。

"将军庙"传说：相传明时，延昌渔民出海，发现洋面上漂浮着一尊与人体相当的木质雕像，于是将它捞了上来。雕像为明抗倭英雄戚继光。这雕像原是在台州沿海一座庙里的，由于台风冲塌了神庙而流落大海，最后漂至延昌。象山这一带也是倭寇入侵频繁之地，百姓对抗倭将领戚继光肃然生敬。由于年长月久，漂在海上的木质雕像变得黑乎乎，于是有人干脆在原雕像的基础上进行修整，将其涂成了黑脸，穿上明代的将服，放置在延昌阳明山庄戚将军神庙，供人祭拜。

抗倭传说主要是以口耳相传的社会群体传承方式进行的，目前仅有部分民间老艺人能完整讲述。随着这些知情民间老艺人相继过世，抗倭传说也渐渐处于失传的边缘。

### 4. 祥发三鱼的传说

贤庠镇岑东村陆家墙弄边三道柴门的总大门，青砖碧瓦，飞檐雕梁，高大雄伟，蔚为壮观。石砌门梁上方人物鸟兽的浮雕围拱中，“祥发三鱼”四字赫然醒目。关于“祥发三鱼”的来历，有这样一个美丽的传说……

清朝康熙年间，在江浙盐运司任职的陆氏祖先陆某公，奉皇命将一船官盐押运至京城。船从南通出发，沿长江至镇江，然后沿京杭大运河北上。经山东微山湖的途中突遇大风浪，船身剧烈颠簸。行至山东济宁府时，装满盐包的船舱进了水，情况十分危急。陆某公吩咐手下将船摇至岸边，把盐卸下来一看，大家不由吓出了一身冷汗！船体在颠簸磕碰中开了一道裂缝，幸好似有神灵相助，三条河鲤鱼齐刷刷地卡在裂口处，鱼头在里，鱼尾在外，使舱里的进水大为减少，从而避免了一场船沉人亡的惨祸。船在岸边修补好裂缝后，便顺利地到达京都。后来，陆某公的孙子做了大官。为感谢救了他爷爷的三条鲤鱼之恩，特地建了一座祠堂，取名“三鱼堂”。

### 5. 沉东京涨崇明传说

传说南韭山与檀头山岛一带海域，原是一座繁华的城市，因地处东方，故称“东京城”。南韭山盛产桔梗，谚曰：“皇帝坐东京，桔梗当人参。”因皇帝昏庸，奸臣弄权，贪赃枉法，尔虞我诈，好好的一座东京城，沦为人间污秽之地，恶气冲天。玉帝闻知后惊怒，下旨以“塌陷东京”来惩罚东京人。东京塌没以后，崇明却慢慢地涨了起来，于是民间盛传着“沉东京，涨崇明”的说法。

在东京城北附廓十里，有一座山，山下的村庄里有一户葛姓人家，只有母子两人。母子二人编草履儿卖柴，生活十分清苦。子名孝先，取百善孝为先之意。此子忠厚老实，侍母至孝，身体结实，助人为乐，乡里称道。话说玉皇大帝要让东京塌陷，但一想，东京城里的人不一定个个都坏，总有好人。于是就派观音菩萨先去东京察访。观音化作一卖油老翁，在东京城中热闹处，开了一个叫“心田”的油店。他卖的油，全是味香色清的上等油。且不论谁来买油，都随买主自己放钱，自己舀油，钱放多放少，店主从不过问。因此，来店买油者成群结队，络绎不绝。有的多舀少付，有的干脆不付。东京内外不少昧着良心的人，把家里的缸甏瓶罐，都装得满满的。而一连数月，油店的油缸从未见浅。一天，葛孝先进城卖柴，临走时其母交给他一只油瓶，嘱他买油。葛孝先卖得廿文钱，到心田油店买油。他知道油店规矩，不付钱也可打油，但他没那么做。他把仅有的廿文钱投进钱箱，舀了一满瓶油，高高兴兴地回家。其母见儿子买来满满一瓶油，问多少钱？孝先告知廿文。她称了一下，按价一算，少给十文钱。葛母顿时生气地说：“人家这么大的年纪，靠卖油过日子，你身强体壮，理应帮助人家才是，怎可贪小，少付油钿？”说得孝先哑口无言。孝先立即转身回到油店，向老人家赔礼道歉，补付油钱。店主心中暗喜，啧啧称赞道：“难得，实在难得！”他对孝先说：“青年人别走，老汉有一事相告。”孝先深深一揖：“请老伯指教。”店主说：“日后，你要经常注意城门口的石狮子，要是石狮子口中出血，你要马上回家，往西北山上逃奔。并告知乡里忠厚之人，切记，切记。”葛孝先回家后，把店主的话告诉母亲。其母听了虽觉奇怪，也没说什么。从此，葛孝先每天进城，都要看一看石狮子。一屠夫甚是纳闷，问孝先：“你为什么每天都来看石狮子？”孝先直言相告，屠夫哈哈大笑，心想：“石狮子怎会出血？莫非店主见他老实，有意戏弄。好，我来跟他开个玩笑。”一日清晨，屠夫将新鲜猪血倒进石狮子口中。正在此时，孝先进城卖柴，见石狮出血，丢掉柴担，飞步回转。屠夫见了，哈哈大笑。

孝先回到家中，立刻将石狮子出血的事告知众乡邻。乡邻闻言，有说他发痴的，有骂他蠢货的，也有一些人觉得孝先从不说谎，说不定实有其事，就急忙打点行李逃难。

转眼间，只见天昏地暗，电闪雷鸣，风雨交加，道路泥泞。孝先背着母亲在前，众乡邻扶老携幼跟随在后。他们刚逃出四五里路，“呼啦啦”一声天崩地裂，众人回头一看，举目一片汪洋，波涛滚滚，偌大一座东京城消失得无影无踪，不知去向。在他们身后，仍有一股滚滚的波涛汹涌而来……

人们个个都逃得精疲力竭。好不容易来到一个小山上，歇了一会。忽见漂来一艘大官船，上面空无一人。于是众人上船，直到夜幕降临，到一座山边停了下来。次日清晨，旭日东升，彩霞万里，放眼望去，歇脚的地方是一个缘水岛，人们就定居在这岛上。因泊舟系缆此岛，故称其为缆舟山，后谐音称“南韭山”。

葛孝先为母亲养老送终后，独居在岛上的爍谷仓洞内，修身养性，得道成仙，云游四海，人称葛仙翁。后人为了纪念他，在洞口镌刻“仙岩”两字，洞内刻“逸仙洞”三字。仙翁活动过的地方称“道士印”“道士帻”等。同时将当初“塌东京”时逃难经过的地方命名为“大劈开、小劈开（断崩之意）、五档礁、外塌礁、里塌礁”等。

据传，东京塌入海底以后，才渐渐涨出了崇明岛。

### 6. 安期生传说

相传，安期生是古时候的一位仙人，曾云游于爵溪一带。关于安期生在此的诸多民间传说，脍炙人口，被人们传诵至今。

《史记》记载，安期生本姓郑，原齐国琅玡阜乡人，曾从河上丈人（古高士名）修习黄老之学。安期生常在海边卖药以救人济世，其药灵验，入口病除，有缘者每获长寿。于是，民间盛传此药必定采自海上仙山，安期生知悉通往海上仙山之路。

秦时，秦始皇到处寻求长生不老之药。有人向秦始皇举荐，说海上仙山蓬莱、瀛洲、方丈有不老之药，有位叫安期生的人知道通往仙山的道路。秦始皇把安期生请到阿房宫，与他密谈了三天三夜，非常投机，还把大量黄金、白璧赠给安期生，希望他能入海求仙。然而，安期生没有领这份情，他把秦始皇所赐的黄金和白璧全部封存在阜乡亭，留下一封信和一双红玉拖鞋，不辞而别。那封信只说了一句话："千年以后到蓬莱山来见我。"（蓬莱山，又叫炼丹山，位于象山丹西，相传山下有徐福东渡时遗留下来的道观、丹井。）

秦始皇的求仙梦破灭了，安期生则飘飘悠悠，从此云游天下，往来于山海之间，施药济民，救了不少患病百姓。最后，安期生决定南下，在广州白云山定居下来。安期生在那里继续为民治病，并找到了九节菖蒲。九节菖蒲是稀世珍宝，病人吃了能治病，常人吃了能延年益寿，人称不老药。这事越传越神，又传到了秦始皇那里。秦始皇立即下诏书，命令安期生拿不老药去觐见。安期生还是只说了一句话："千年以后到蓬莱山来见我。"秦始皇听了，大发雷霆："人能活到千岁，还要什么不老之药！这妖医若不肯觐见，就取他的头来见我！"于是派人到广州白云山去传旨。安期生无奈，只得去寻九节菖蒲。他心想："我为民治病，不贪富贵，为什么要为秦始皇采药呢？宁愿粉身碎骨，也不做秦始皇的奴才。"于是，他纵身一跳，跳下路边的悬崖。谁知安期生刚跳下去，耳边响起了呼呼风声，身子也飘荡了起来。就在这时，半山腰里飞出了一只硕大无比的白鹤，展开双翅，托住安期生，飞向天边。

安期生升仙了，这一天据说是农历七月廿四。后来，广州人便以这个日子作为"郑仙诞"，年年祭祀，纪念这位不畏强暴、正直善良的方士。再后来，人们还在白云山上建起"郑仙祠"，朝朝暮暮供奉着安期生的神像。

这些祖祖辈辈口耳相传，并和爵溪这片土地息息相关的传说故事，仿佛成为人们生活的精神良药，展现了爵溪人民的生活智慧。

**7. 邵榜眼传说**

邵榜眼本来是东陈人，后来被他姑父抱到昌国当了养子。邵榜眼从小就很聪明，得中榜眼后做了三届主考官，收了人家送的金银珠宝，藏了满满三间屋。告老还乡以后，逢人便讲："若要我邵家败落，除非天上扫帚星下凡了。"

这天，他老婆要生小孩了。吃过中饭，邵榜眼睡午觉时，看到一个白眉毛、白头发的老太公捏一把扫帚笑嘻嘻地走进门来。他想想蛮奇怪，醒过来，原来是个梦。这时候，他夫人刚好生了个儿子。邵榜眼想起做的梦，咋会这么凑巧，莫非扫帚星真的来投胎啊？他手里捏了尖刀，要刺杀他儿子。他夫人看见，吓傻了，用手一挡，尖刀还是扎着了儿子的一只眼睛。他儿子就成了"独眼公子"。独眼公子性格蛮坏，生出来每日都哭，怎么哄也不行。

邵榜眼庭院里面有一口井。这一日，丫头抱着哭叫的独眼公子到井边，不小心，把公子手里玩的一块银子掉到井里去了。"扑通"一声响，公子不哭了，还高兴得咯咯笑了起来。以后，只要公子一哭，丫头就把元宝啊，耳环啊，戒指啊丢到井里，公子就笑了。邵榜眼看看心痛。但不往井里扔金银又没办法让儿子不哭。又一想，反正是我邵家的井，以后抽完水好取出来的，便随他扔。过了几年，三间屋里的金银珠宝统统给其儿子扔光了。邵榜眼就叫来佣人抽井水，捞金银珠宝。哪里晓得，井水抽完，井里连一颗珍珠也没有了。邵榜眼气得生了一场大病，没过多久就死了。

独眼公子长大以后，没有一技之长，靠讨饭度日。据说死在丹城大街上。

## 8. 爵溪古城传说

爵溪三面环山，东临东海，昔为渔村，因村南一溪林茂雀噪而取村名为雀溪，元代谐音作爵溪。爵溪古城，即爵溪城区，至今尚存东门城墙和北门城墙。

爵溪古城为明信国公汤和为防倭经略海疆而建的七十二城之一，建于明洪武三十一年（1398 年）。

爵溪古城文物古迹众多。有建于 530 年前的玉泉、蓬莱两庵，皆为爵溪镇八景之一。有古诗云："玉泉一水胜丹山，瀛海嘉人共乐怀。欲说透瓶烹待客，栏边小坐竟忘还。"庵内玉泉井至今大旱不涸，清澈甜美，是名副其实的"瀛海之胜"。

进入街区，是爵溪街心戏亭，一称"桅亭"。爵溪城墙沿小蓬莱山依势蜿蜒而上，呈船形，且地处沙汀，历有"沙船城"之称。后建此亭象征"桅杆"。此亭建于清咸丰年间，为"省重点文物保护单位"，称街心戏亭。这里以前是城防官调兵遣将的指挥中心，逢年过节则成了戏台。乘船或从远处观望，沙船城的南门好比是"船头"，街心戏亭则是"桅杆"，每遇特大海潮，它就会浮起来。石头城怎会浮起来？原因是 1956 年"八一"台灾时，台风涌起怒潮冲破门前海堤，南庄平原顷刻成为一片汪洋，3000 余人葬身鱼腹，而面临东海、亦处台风中心的爵溪却安然无恙。老人们说，这是沙船城浮起来了。若不是坚厚的城墙阻拦住那十二级台风所掀起的汹涌波涛，爵溪也难逃泽国之灾。

东行穿过古城门，是明代建造的古城墙，远眺浩渺的东海，则可见海天相连、渔帆点点。南首龙冲山冈和北边周家湾山麓两座对峙的烽火台，傲然挺立，遥相呼应。元代学士吴澄撰文、翰林赵孟頫手书的《大瀛海道院碑》载："县之东二十里曰爵溪，潮汐啮冲，贾泊络绎。其东望日本，南走天台……"明代诗人陈策在《宿爵溪寓楼》中有"到枕涛声天地动，落滩渔艇海岚腥；世外蓬瀛知可得，梦回身世此中停”的佳句。清代诗人袁澄的《登爵溪城楼》则这样赞道：“十里平沙走浪痕，沙回潮涌怒涛奔。雨蒸岚气春常暗，风滚潮声昼欲昏……”爵溪的许多“古文化”，既离不开城墙城楼，又离不开海。

“溪以山名爵，何年建所城？波涛千万里，景物古今情。军械虚图壁，鱼罾编结棚。人音非土著，信国古屯营。”此诗是清代诗人钱鸿宾所咏，描绘了当时爵溪城区河清海晏的太平景象，是对当地独特的地俗及历史所发的感叹。昔日的爵溪城，蔚为壮观。据明嘉靖《象山县志》记载，千户王恭所筑之城“东南负海，西北依山”，城“高二丈八尺，址广三丈，延袤三里。辟东、西、南三门，楼如之。设吊桥于南门外，罗以月城，城上雉堞八百有三，警铺二十三，敌台十一。外为濠三百五十丈”。初建时有北门，不知因何堵塞，故有“象山无北乡、爵溪无北门”的说法。有千户以下官员 13 人，统军 1130 名。下辖游仙寨和陈山、赵岙巡检司及屏风、公屿、沙岭、玉泉、外岭、半路、赵岙 7 烽堠。汛期，卫拨游哨兵船防守，为明代抗倭要地。后人曾用诗句“曾寄滩头百战经，迄今残血带中腥”歌颂数百年来爵溪城军民共患难、抗倭寇和灭盗匪的悲壮事迹。

今天的爵溪城，经历了六百年的风风雨雨，已失去了昔日的辉煌，西、南两面的城墙已荡然无存。在“大跃进”“文化大革命”时期，人们拆墙填濠，很多遗迹已成为民宅或厂房。东面滨海段 400 余米城墙，几经修建，城上雉堞和敌楼等军事设施，早已拆除。

### 9. 陶弘景炼丹传说

象山“丹山”“丹城”之名的由来，与我国历史上南朝梁代的著名思想家、文学家陶弘景有很大关系。

原来丹城西北有山隆起，旧县志称“厥土有山，背负隆起，雄压海堧，后瞻望，屹如象形”，故称“象山”。此山相传是秦始皇时寻求长生不老药的方士徐福所寻找并留居过的蓬莱山。南朝梁时，著名文人陶弘景“脱朝服挂神武门，上表辞禄”，遍访名山，隐归山水，他来到鄞县的阿育王寺，自誓受“五大戒律”。他听说隔港过海对面是安化乡，历为仙人们所驻足，而且是当年徐福所隐居的蓬莱山，有蓬莱观、蓬莱泉，便渡海来到了这里，开始修道炼丹。宋《宝庆四明志》有这样一段记载：“炼丹山又名蓬莱山，县西一里，众山隐映圆秀，其巅平夷，陶（弘景）隐居尝炼丹于此。”

象山有陶弘景遗迹，始见于宋王钦若的《灵验记》。王钦若是宋代吏部尚书知枢密院事，监修国史，加检校太傅同平章事。《四明志》引《王钦若记》云：“梁朝真人修药于蓬莱观，自写真于东壁。有居观侧者，必晨起望观瞻礼。常贩于天台。一旦，随舟渡海，将及县，飓风大作，舟欲倾没。同舟六七十人，见一道士乘云，隐约黄色光芒中，以羽扇约风，曰：‘陶真人相救，毋怖畏。’言讫风息。既济，其人引同党至观，见真人像如舟中所睹，遂相与修饰观宇以答焉。”嗣后王象之《舆地纪胜·象山县仙释陶贞白真人》曰：“有修炼之所在象山，王钦若尝撰《真人灵验记》云：‘有修炼丹井，清澈甘美，以瓷瓶贮之，即有水珠透瓶而出，号透瓶泉。又有真人炼丹灶、炼井亭址……’”

陶弘景好道术，精通五行、医药、地理。关于陶弘景在蓬莱山炼丹的传说很多。《四明志》曰：“丹灶在象山县西丹山顶。”乾隆《象山县志》记载，炼丹山下有丹井，泉可透锡，饮之可以已疾。”民间盛传陶弘景投丹药于井中，故能治病，造福苍生。

### 10. 康王避难传说

建炎三年（1129年）五月，赵构在南京应天府（今河南省商丘南）登上帝位。接着就不断南逃，十一月，逃到越州（绍兴），十二月逃到明州（宁波）。康王是否到过象山，历史无明确记载，但象山的一些地名来历，确与康王避难有关。

康王坐船南逃，金兵穷追不舍。一天，康王进入乱礁洋，翘首西望，满眼是崇山峻岭，决定只身弃船登陆，以避开金兵。他从毛湾上岸，走到下毛湾，稍作停留，准备上马赶路，只觉浑身无力，幸亏路边有块大方石可垫脚，才上了战马。这块大方石如今留在下毛湾村东路口，高约半米，人称上马石。下毛湾也因此别称上马石。

康王策马扬鞭，越过珠山，穿出珠山岙，后有金兵蜂拥紧追。路人见一英俊小将被金兵追得走投无路，知是宋将，忙将他引入小路，躲进路亭，替他脱下战袍，换上民服，引他向西南逃去。后来人们始知他就是高宗皇帝，故称该亭为着衣亭。

再说康王马不停蹄，翻过几座山，越过几道岭，被茫茫的西沪港挡住去路，他来不及多想，调转马头向北登上一条矮岭头，猛见远远的山坳炊烟缭绕，便策马向那山坳奔去。因有这段传说，故后人称这条岭为相见岭。

康王刚到村口，不料金兵抄近路越过西山下岭。天无绝人之路，慌乱之中，康王见不远的晒场上有个女子在晒谷，忙将战马隐入林中，跑过去向那女子求救。村姑眼见追兵将近，急中生智，叫康王坐进箩里，上面再盖上一只，说道："壮士，你莫动，敌兵由我对付。"她随手拿过畚斗，畚上稻米，掺上草屑尘土。这时金兵已到，她不慌不忙高高举起畚头扬起谷来，草屑尘土借着风势直向金兵扑去。金将骑在马上不敢近前，问道："小女子，可有一个白面小将路过？"村姑回道："已往南去多时了。"金将信以为真，向南追去。待金兵去远，村姑挪开竹箩说道："你受委屈了。"康王谢过救命之恩，才看清站在眼前的却是一位少女，年方十七八，花容月貌，顿生爱心，随即解下腰间的鸳鸯龙凤带双手递给姑娘道："请姑娘笑纳，待我赶走金兵，定接你进宫，共享荣华。此鸳鸯龙凤带作为凭证。"

姑娘接过鸳鸯龙凤带，心中已明白几分，引康王向北逃生。康王后来在临安登基做了皇帝，没有忘记这位姑娘，派大臣前来迎接她进宫受封。大臣寻到这个村子，只见所有的姑娘，不论是胖的、瘦的、高的、矮的、美的、丑的，腰间都系着同色同样的带子。原来，姑娘并不情愿抛下爹娘进宫享福，便将搭救康王脱险之事禀告其父母，其父母又将这事传开，来个以假乱真。全村姑娘也都仿照原样绣了鸳鸯龙凤带，待大臣进村，全都系在腰上。大臣寻了三天三夜，也分不清哪是真，哪是假，只好回京复命。高宗找不到救命恩人，便下了一道圣旨："凡浙江女子尽封为皇妃，出嫁时，皆穿凤冠霞帔，坐八人抬的花轿。"该村也因此称作王避岙，现称黄避岙。

再说康王拜别姑娘，按照姑娘指引的方向越过西山下岭。他怕再遇金兵，不敢走大路，便沿山攀登。他爬上大山累得汗流浃背，猛见前头就是象山港，不禁喜出望外，脱下民服丢弃在山下的溪坑里，直奔港边，跳上船扬帆而去。因有此传，后人称这座大山为装弃大山，称山下之溪为下装溪。后来溪边住人建村，也以下装溪命名。年长月久，装弃大山误传为庄溪大山，下装溪误传为下庄溪。

**11. 辣螺姑娘的传说**

南宋末年，石浦沙滩附近有一个美丽善良的渔家姑娘，以拾辣螺为生，人们称她为"辣螺姑娘"。一次，"辣螺姑娘"在沙滩拾螺时发现一外地受伤男子，遂将他救起，并带回家中悉心照料。那男子就是南宋大臣陆秀夫。在疗伤期间，陆秀夫和"辣螺姑娘"渐渐地互生爱慕之心。伤愈后，由于陆秀夫国事在身，匆匆告别，临行之前，许诺功成之后娶"辣螺姑娘"为妻。不幸的是，陆秀夫走后，"辣螺姑娘"被当地渔霸看中，欲强迫成亲。娶亲当日，"辣螺姑娘"以死相拼，投海身亡，这一日恰为农历三月初三。以身殉情的"辣螺姑娘"冤魂不散，每年此日都会爬上沙滩，翘首北望，等候情人归来赴约。后来陆秀夫背负南宋小皇帝赵昺跳海，也许是不忘当年与姑娘之约，尸体漂至皇城沙滩。据《象山县志》载，南宋灭时，有乡人发现皇城沙滩附近海面有许多浮尸，其中有少年着黄龙袍。人们怀疑是崖山海战阵亡将士，而黄龙袍少年应为与大臣陆秀夫一起殉国的小皇帝赵昺。“遂葬焉，外围以墙，因名宋皇城。”于是沙滩因此得名为“宋皇城沙滩”。后来，善良的村民每年农历三月初三都会赶到沙滩，纪念这对忠贞不渝的恋人，最后渐渐演化成民间传统活动，也就是石浦每年必有的“三月三，踏沙滩”。

### 12. 钓金钥匙的故事

传说很久之前，石浦大金山还是一座小小的海岛。山上松杉葱茏，山麓浪涛翻滚。繁枝绿荫中，有一座鲜为人知的宝库，内藏奇珍异宝，归龙王三太子管辖。

有一天，突然地覆天翻，沧海桑田。海水退到了石浦港里，龙王三太子无奈，只好悻悻离开。当夜托梦给石浦港两岸民众：打开大金山宝库之门的金钥匙，藏在石浦港里，由鳖鱼精看守，只有用砻糠搓成的绳子为诱饵，在半夜子时金钥匙才会自动挂在钩上。谁能钓上金钥匙，打开宝库大门，宝库里的金银财宝，就归谁所有。

于是，人们摩拳擦掌，跃跃欲试。家家户户、老老少少，都动手搓砻糠绳。这样过了一年又一年，一代又一代，还是没有人搓成一条砻糠绳。

后来有一位年轻的渔郎，搓了十多年，砻糠搓了不知多少米箩担，到头来还是“竹篮打水一场空”。一天，他看到妻子正为三岁的女儿做手链，把五彩的又扁又小的贝壳用线穿起来，戴在小手腕上，多么漂亮呀！他看呀看呀，一个突如其来的念头，使他茅塞顿开……

渔郎夫妻俩连忙搬来几箩砻糠，倒在竹簟上，挑拣出一片片大的糠。妻子抽出一根根比头发还细的蚕丝，用最小的绣花针，把一片片砻糠穿起来，穿了七七四十九天，穿成一条九丈九尺长的砻糠绳子。渔郎看到这费心又费时的绳子，长长地舒了一口气，几十代祖祖辈辈的愿望，今朝一定要实现。这次是三个手指撮田螺——十拿九稳。

渔郎选了一个月明星稀、风平浪静的半夜时分，撑着小舢板，把绳子放进港里，眼巴巴地瞪着绳子的动静：子时过去了，浮标依然如故；丑时过去了，仍旧波平如镜；寅时也过去了，浮标还是纹丝不动。渔郎长叹一声：还是大海捞针——一场空。

渔郎百思不得其解。他请教了村里最有威望、最有智慧的一位老人，老人说："你能用蚕丝穿成砻糠绳，这已经了不起了，几十代人都没有想到。但你想过没有，蚕丝放到海水里，它就像一条光线，透明晶亮，鳖鱼精远远一看，就认出这不是砻糠搓的绳子。他怎会上当呢？"

渔郎闷闷不乐，每天走呀看呀，问呀想呀。一次，他来到船埠头，看到一群小孩子围着一个卖白糖饼的货郎担，孩子们笑着跳着，买呀吃呀。渔郎意外地看到一小孩咬了一口饼，手一拉，拉出一根长长的糖细线来，他灵机一动，有了！糯米煎熬成的白糖饼是越拉韧性越好，弹性越强。他连忙托人做了一盘白糖饼，并拉成白糖绳子，裹上砻糠，这样，就可以假乱真了。接着，渔郎趁着夜深人静时出发，放下砻糠绳，不到半个时辰，绳子就往上送了。他连忙屏息敛气，一寸寸把绳子提上来。他激动得心都要从喉咙里跳出来了。不一会儿，闪闪发亮的金钥匙已离开水面了，他正俯身去抓住它时，不料，绳子断了，这真是心系金钥匙，梦断石浦港。

又不知过了多少年，传说，妈祖娘娘托梦于一位渔郎的后代，用大黄鱼的鱼膘放在锅里隔水蒸煮，再把它用捣臼捣烂，成为膘胶。捣的次数越多，膘胶就越粘越韧，用膘胶粘上砻糠就成为一条砻糠绳了，加上这绳子还有鱼腥气，鳖鱼精看到砻糠搓的绳子，就顺顺当当地把金钥匙挂在钩子上，送出了水面。这样，终于圆了千古之梦。

## 13. 象山鱼类故事（部分）

鱼类故事是象山最具特色的民间故事之一。长久以来在所有的民间故事中都有较大的知名度和影响力。

最初的鱼类民间传说，多在船头、渔埠、网场等渔民集中劳动场所产生。由于渔民生活枯燥，空闲时只能以最简单的闲谈方式来打发时间。

这些渔民“三句不离本行”，凭着对鱼类习性、特点的熟悉和细心的观察，也凭着对鱼类的特殊感情，集体创作了诸多鱼类民间传说。传说中的主角，涉及鱼、虾、鳖、螺、贝，几乎遍及象山渔区常见的海洋生物。

### 大黄鱼故事

大黄鱼又称黄花鱼。这里还有一个传说。相传秦始皇经过近十年的征战，于公元前 221 年灭了六国，统一了中国。但他没有给百姓以休养生息的机会，为修阿房宫、建陵园、筑长城、建驰道继续强征壮丁，服徭役人数达数百万，为当时人口的十分之一，加之沉重的赋税和残酷的刑罚，民不聊生。百姓们为逃避徭役和刑罚，纷纷避入深山或逃亡海外岛屿。

秦王政自以为统一了六国，建立了赫赫功勋，自号为始皇帝。秦始皇为了能延年益寿，多次派出方士求仙访道，寻求长生不老之药。因闻有琅琊人安期生于东海边上卖药，人称千岁翁，据称已活千余岁，他的药治病有神效，于是招他来咸阳。

经过一番诊治服药，秦始皇自觉精力见盛，元气恢复，以为已服长生药，十分高兴，对安期生礼遇优厚有加。安期生知道这是吃了他开的强身健体的补药所收到的效果，然疾病实未根治。因亲眼所见这个残暴专制皇帝的所作所为，安期生决心不再为暴君治病，就趁始皇帝自以为已服了长生之药、病已痊愈之机，请示允他回蓬莱仙岛，并相约千年之后可去蓬莱山下见他。秦始皇答应了他的请求，并赠安期生无数金璧。安期生本不想收礼，但当他想起进京途中良田荒芜、饿殍遍野的凄惨景象，决定拿了这些金璧救济饥民。

岂知一路十室九空，饥民即使拿到安期生送的金子也无处可用，最终还成了那些豪吏掠夺之物。无奈安期生只得带着金璧来到东海边上。此时他忽然想出了一个主意，把这些金璧倒入海中使之变成海鱼，让海边的贫苦百姓下海捕捞。这样百姓既通过劳动而丰衣足食，也能避免贪婪懒惰之徒拿到金璧，不事生产，肆意挥霍。安期生主意已定，就来到蓬莱山下，把所有金璧倒入海中，这些金璧转眼就变成了无数金光闪闪的大小黄鱼遨游在海水中。安期生是位为民治病的神仙，身边时刻都带着药石，当他将金璧倒入海中之时，有意把药石一起倒入海中并使之嵌入黄鱼脑中，这也是黄鱼又称石首鱼的原因。

## 东海小白龙的传说

在很久以前，有一条小黄鱼，它浑身披着金色的鳞甲，在昏暗的海洋中游动，不时发出耀眼的金色，就像从天上坠落到海中的星星，显得格外金贵美丽。

因此，它很骄傲，认为自己是这世上最美的鱼，连东海的老龙王都要敬它三分。它每天都在海中闲逛，到处炫耀自己的盔甲，一会儿撞撞刚学会游泳的小鱼，一会儿游到年迈的老鱼身边，笑其游得太慢，一会儿跑进别的鱼的家中，在这户的床上躺会儿，又到那户的椅子上坐坐。被它欺负过的鱼都十分讨厌它，一望见它，都避而远之。

在东海中，还有一条鱼，长得很丑，丑得吓人！所有鱼见了都把它当成怪物。刚出生的小鱼，看见它的影子就号啕大哭；年老的鱼见了它也立马吓晕过去。这让它很苦闷，很伤心。每天晚上，它都躲在石头后偷偷哭泣：“为什么，为什么大家都不喜欢我？老天，我该怎么办？”夜深时，它呆望着深邃的天空暗暗自问。

日子就这样一天天过去，东海龙宫中许多大臣都老了。老龙王需要找个做事得力的大臣来辅助，于是下旨：举行一场游泳比赛，谁要是胜出，就让其来担任自己的贴身大臣，同时还可以满足其一个愿望。

消息迅速传开，整个东海都沸腾了。每张告示前都挤满了鱼，小黄鱼自然也身在其中。它用力甩着尾巴，抽打着周围的鱼："让开，让开，我那么金贵的身子是你们能碰的吗！这张告示已经被我揭下了，你们走吧！"鱼儿们没办法，只好狠狠白它一眼，游开了。

夜深的时候，小丑鱼小心翼翼地来到一张告示前，忐忑不安地往上望了一眼，立刻又收回了目光，因为它觉得自己太丑了，不配看这张闪着金光的告示。可它的好奇心实在太重了，像一只手托起了它那丑陋的脸颊。"游泳比赛"，告示的信息让它眼前一亮，它仿佛看到了一团金色的火焰在眼前燃烧，火焰的光热使它看到了希望。"太好了！太好了！我终于有机会向大家证明自己，我要恳求大家接受我，我终于可以不用再躲着大家了！"它兴奋地大喊。

回到了家，它开始努力练习游泳技巧，一练就是几天几夜，有时它的尾巴累得动也动不了，有时它的鳍累得会疼好几天；但它依然没有放弃，它从没想过要放弃。它不想再过孤独的日子，它害怕黑暗，恐惧黑暗，它再也不想躲在石头后边哭泣了！

而那条小黄鱼，仍然不忘到处去炫耀冠军一定是它的，当然，也只有它自己是这样想的。

终于到了比赛的那一天，所有的鱼都来了，大家都精神抖擞，因为终于有机会可以"光宗耀祖"了！可那条小丑鱼却没这么想，它只希望变得美丽，让大家接受它。

老龙王一声令下，所有的鱼都争先恐后地往前冲，像千万匹马在一马平川的原野上奔驰，东海卷起了万丈波涛，龙宫都撼动了。小黄鱼跑在了最前面，它自若地游着，好像胜利非它莫属似的。它越想越骄傲，以为已将队伍甩了“十万八千里”，然后找了块石头在上面悠闲地睡起觉来。

而那条小丑鱼依然努力地游着，终于冲到了队伍的最前面。

不知过了多久，小黄鱼迷迷糊糊地睁开了眼，突然看见远方波涛滚滚，一下子意识到自己睡过了头，心里急得像一团火在燃烧。慌乱之间，铆足了劲，拼尽全力，向前一蹬，可惜它没有认准方向，“砰”的一声一头撞到了礁石上，昏死了过去。

最终，那条丑陋的小鱼拿了冠军。它踉踉跄跄地来到了老龙王的面前，不敢抬头，怕老龙王见了自己的样子会改变主意。它低着头说：“大王，恳请您把我变得像您一样美丽吧！”它太激动了，因为它做梦也没有想到自己能迎来这样一天。

老龙王会意地笑了起来，用手指轻轻往它身上一点，喊了一声“变！”

小丑鱼的皮肤变白了，身躯变细长了，头部变得玲珑精致了，它原本的一切都脱胎换骨了，除了它那颗善良质朴的心。所有鱼都被它的美丽打动了，它有着和龙王一样的外表。于是人们都称它为“东海小白龙”。小黄鱼从昏迷中渐渐醒过来，不但与冠军无缘，而且它的头上永远嵌上了两颗白色的“小石子”，它羞愧极了。这就是小黄鱼骄傲、任性的代价。

## 比目鱼的故事

比目鱼又叫邋遢皮。它生性好玩，又不修边幅，每天与一群邋里邋遢的小伙伴在石缝中间玩耍。一次，在玩耍中不慎把一块大石头碰翻了，大石头从上面掉下，不偏不倚正好压在比目鱼的身上……当比目鱼好不容易从石头底下钻出来，它本来圆滚滚的身体一下子被压得扁扁的。

它一拐一瘸地走回家。妈妈看到孩子这副模样，心痛地说：“孩子，你咋变成这模样了？”“妈妈，我在玩耍时，不小心被石头压扁了。呜……呜……”孩子边哭边说。爸爸听到后，从房间里走出来，看到孩子这副模样，他这个气啊！他大声吼道：“你、你、你的眼呢？只知道玩、玩、玩！连石头从头上掉下来都不知道，下次把眼睛都生在头上……”孩子喃喃地说：“我知道了……”从此后，比目鱼不但身体扁扁的，两只眼睛还顶在头上呢。

## 望潮

“骨软膏柔笑贱微，桂花时节最鲜肥。灵珠不结青丝网，八足轻趫斗水飞。”这是清代诗人陈汝谐对浙东沿海稀有海洋生物——望潮的生动描写。它写出了望潮的形状特点、生活规律、上市时间等总体面貌。

望潮（土音读芒潮），属章鱼科。象山《蓬山清话》第十六卷有记：“比章巨（章鱼）略小，味胜，喜逐夜潮而游。”它胴体圆蛋形，八条腕（脚），腕内有园丁匀排的吸盘，具有特殊的吸泥粘物抓食功能，形体呈黄褐肚白色。望潮多产于象山港沿岸的下山、墙头、洋北、高泥、西泽、青莱一带，在象山半岛南部的东海岸东旦、黄家兰，西海岸的黄吉岙、弹涂岙（海丰村）等地也有。

“望潮”名称的来历，源于一个传说故事。在古代，有只望潮钻出洞来在海涂上休眠晒太阳，那时一只正在觅食的老鹰飞过，看到这只软绵绵又白胖胖的小海鲜一动不动地伏在海滩上，正是填肚充饥的好食物，于是收拢翅膀“呼”地俯冲下来。老鹰锐利的脚爪一下子抓住望潮，并张开尖嘴猛咬，但望潮虽然形体小，既无强健的筋骨，也无锋利的爪牙，可它机灵敏捷，马上收拢八条腕（脚）变成八条绳索，紧紧地缠住老鹰的头部、嘴巴，罩住了它的眼睛，还有几条伸进老鹰的鼻孔，使它鼻血直流，搞得老鹰头晕目眩，煞时失去咬啄的能力，“空中霸王”的威风顿时全无。双方僵持不分胜负，老鹰被迫妥协讲好话，要求望潮放开八腕各自逃生，望潮要求老鹰把它带到海潮里去。老鹰只好乖乖地拖着它来到上涨的潮头上，望潮得水后即放开八腕逃入大海里去。从此，老鹰再也不敢到海涂里抓望潮，望潮也不敢在退潮后到海涂上戏耍，只在潮水涨上来时才出洞，在浅滩浪花里"八足轻趱斗水飞"。以后人们就把这种鱼类称为"望潮"。

## 吃脚手的章鱼

海里有说不完的奥妙。据说以前章鱼和墨鱼是一对好朋友，它们一起生活，一起玩耍。到了秋末，西北风刮起来了，墨鱼说要去南方，章鱼说："反正明年春天还要回来，去干啥？"墨鱼听了很难过，头也不回地向南方游去了。

早晨，太阳升起来了，暖烘烘的天，章鱼在淤泥里一会儿就睡着了。到了黄昏，一阵冷风吹来，冻醒了章鱼，它急忙找了个避风的洞，钻了进去。几天过去了，天空依然刮着西北风，章鱼不能出来找吃的，就只好躲在洞里。

又过了几天，章鱼肚子饿了，就开始吃自己的脚。以后，肚子一饿就吃一口，一饿就吃一口……到了九月九那天，章鱼把自己的脚全吃光了。它的生命也就在这时结束了。

所以沿海一带流传着一句话："九月九章鱼吃脚手。"

## 鲎的传说

鲎在海洋中被称为活化石，是与恐龙同一时期，与鳄鱼一样仍存活至今的几种生物之一。更为奇特的是，它的血不是红色的，而是蓝色的。

鲎还有一种很特别的现象和生活习性，就是雌的比雄的大。有的雌鲎大如脸盆，而雄的却不到它的四分之一，只有一只小菜盆大。每当在泥涂或是海水中见到它时，雌的背上肯定紧紧地趴着一只雄的，很难见到单只的鲎。它们夫妻不离不弃的现象在海洋中可能是绝无仅有的。说到这种现象，这里面有一个关于秦始皇的传说。

秦始皇统一中国后，登泰山封山祭天。大典过后，他登顶眺望，只见山背后的一块大岩上有两位鹤发童颜、仙风道骨的老者在下棋。秦始皇见了后，挥退随从独自一人来到两位老者下棋处。一局棋罢，两位老者见秦始皇立在旁边，其中一老者言道："皇帝统一天下，封山祭天，夫复何求？"秦始皇知两位老者定是不凡之人，就说："不知可否施予长生不老之药乎？"老者闻言哈哈大笑说："天下哪有什么长生不老之药。"回头见岩缝中各有一枝鲜花和花苞，顺手折了下来递给秦始皇说："你既然开口所求，今赠你鲜花、花苞各一枝，你回去后把鲜花给太后，花苞给皇后，养在花瓶中自有妙用，切切不可送错。"说罢用手一挥，两朵祥云降落，两老者登云冉冉而去。

秦始皇回宫后，差人把花苞送去太后处，自己拿着鲜花来到皇后处说："朕此次封山祭天，有位老者送朕鲜花一枝，今赠你。"皇后接过花后一闻，只觉得有股奇特的香气沁人心脾，顿时神清气爽、花容增色，变得千娇百媚、美艳无比。秦始皇见了竟也呆住了，心想："亏得我没把鲜花送到太后处。"

时光匆匆，岁月易逝，随着时间的推移，那枝在皇后的花瓶中的鲜花渐渐地开始萎缩凋零，同时皇后也日渐精神委顿、花容失色，一日不如一日。而太后那枝花瓶中的花苞渐渐地张开了花瓣，说也奇怪，只见皇太后竟白发变黑、皱纹渐平，像是彻底换了个人，走起路来婀娜多姿，说起话来如鸟语莺啼，真是脸如桃花、肤似凝脂，彻底返老还童如十七八岁的少女。直到这时，秦始皇才如梦方醒，懊悔当初自己不遵老者切切不可送错的叮嘱，以致铸成今日之大错。看看皇后再看看皇太后，秦始皇竟不顾人伦纲常把皇后与皇太后调了个，把皇太后霸占纳入了后宫，这种禽兽不如的行径当然触怒了两位老者。原来两位老者是南极北斗仙翁。当下两位来到玉帝面前奏明此事并请罪。玉帝当即下旨，把秦始皇母子死后罚变成鲎，永世不得超生。自此就有了雌大雄小、雌鲎背着雄鲎共同生活的奇特现象了。

## （二）渔家歌谣

象山渔区歌谣是象山渔民在生产、生活实践中创作出来的一种口头文学，是渔区人民千百年来渔猎生活的真实写照。象山渔区歌谣语言凝练、音韵和谐、风格清新，是渔民表达思想、抒发感情的重要载体，歌里字间充满了强烈的节奏感与浓郁的生活气息。

象山三面环海，一线穿陆，临海港湾岛礁众多，世世代代的先民择海而居。千百年来，象山人民在这块土地上耕海牧鱼，薪火相传，因此当地的民间文艺中向来有“一列渔船、二队渔鼓、三则渔舞、四首渔歌”的说法。象山的地理环境比较偏僻，文化体系相对封闭，这也导致了象山渔歌大多都是土生土长、原汁原味、方言化明显的原生态歌谣，凸显着鲜明的地方文化特色。渔区人民通过口口相授，把出海航行、捕捞作业、海洋气象以及渔业习俗等内容信息，以歌谣的形式代代流传。在1988年搜集出版的《中国民间文学集成——象山县故事、歌谣、谚语卷》中，记录了这一系列的渔区歌谣。

象山渔区歌谣的格式一般为每首的唱词基本在八句以上，每句字数五至七字，句尾多为押韵。渔区歌谣按内容来分，大致上有渔业劳动、渔民生活、渔家情感等三类。

其一，渔业劳动类。“饥者歌其食，劳者歌其事”，在渔区歌谣中，以渔业劳动类最为普遍。它直接由热火朝天的体力劳动所激发，是劳动者劳动汗水的结晶与升华，其中最具代表性的数渔家号子。千余年来，渔家号子伴随渔区人民劈波斩浪、生产劳作，激励了一代代的渔家汉子。渔家号子节奏鲜明急促、顿挫有力，展现出孔武有力的集体力量和劳动精神。

其二，渔民生活类。渔区歌谣里的生活歌，唱的都是渔区人民的日常生活，或抒发不畏艰险、搏击大海的情怀，或表现渔区人民对渔猎生活的切身感触。

其三，渔家情感类。渔家情歌以其特有的方式直抒胸臆，抒发对出海远航的亲人的思念和挂牵，表现出打鱼人丰富细腻的情感世界。

象山渔区歌谣创作自民间，扎根于民间，反映的也是民间生活，它不是固定不变的，而是随着时代的前进、社会的变迁不断发展的。象山渔区歌谣的早期创作和现代创作在形式上、内容上都有很大的不同，各自带着明显的时代印记。日新月异的生活为渔区歌谣的创作不断注入新鲜的血液。

作为地域性民间文化的代表，象山渔区歌谣流传于象山各乡镇，于2008年被列入宁波市第二批非物质文化遗产名录。但是面对现代化进程的突飞猛进、外来强势文化的激烈冲击，加上海上捕捞作业现代化及部分渔业生产转型，象山渔区歌谣的生存环境逐渐恶化。在主要流传地石浦渔港，现在会唱歌谣的人越来越少。除部分老年人还能吟唱几支完整的歌谣外，中年人只能支离破碎地吟唱几句，能吟唱的年轻人更稀少，大部分青少年甚至听都没有听过。随着时间的流逝，一些民间老艺人相继去世，象山渔区歌谣正处于失传的边缘，现在亟须采取有力而可行的保护措施，让原生态的渔区歌谣能够继续传承下去、吟唱下去。

## 小板艄

唱哪一只小板艄呀，
呀咳依咳哟呀，
唱哪一只小板艄呀，
哎咳哎咳哟。
小小板艄呀是美多姣，
美多姣呀，
轻轻把个橹呀，
把橹来摇呀，
哎呀哎吱哟个呀吱，
妹呀在浪中摇呀，
哎呀哎呀哟呀，
妹呀在浪中摇呀，
哎呀哎咳哟呀，
风吹浪高呀风呀吹浪来飘，
你看浪来飘呀，
轻轻要把橹来摇，
橹来摇呀，
哎吱哟来哎咳唷。
身穿那个蓝绫袄呀，
呀咳依咳哟呀，
身穿那个蓝绫袄呀，
哎咳哎咳哟。
大红肚兜镶呀银链条，
银链条呀。

桃红头绳扎呀扎双道呀，
哎呀哎吱哟个呀。
哎呀呀吱哟呀，
细呀笔画眉毛呀，
哎呀哎吱哟呀，
细呀笔画眉毛呀，
哎呀哎咳呀。
小妹摇船呀多呀多轻巧，
你看多轻巧呀，
轻轻要把橹来摇，
橹来摇呀，
哎啦哎吱哟啦格，
哎吱哟来哎咳唷。

## 唱鱼名

正月虎鱼尾巴细，纣王路上宠妲己；
妲己娘娘吾爱妃，万里江山随便其。
二月鲨鱼背脊乌，岳飞大破洞庭湖；
高宠大战牛头山，韩世忠炮打两狼关。
三月鲫鱼尾巴红，周仓大刀逞威风；
张飞刘备与关公，只见红袍一场空。
四月勾鳗两头甩，卢俊义不肯上梁山；
前番不听宋江话，杨雄石秀倒马下。
五月铜盆眼睛青，瓦岗寨英雄程咬金；
三次盗窃裴元庆，半路碰到老杨林。

六月鲻鱼咯咯跳，三国英雄算马超；
西凉马超追曹操，割了牙须卸红袍。
七月鮸鱼脑头鲜，杨滚单爱包皮鞭；
赛过多少英雄将，后来打死高怀亮。
八月黄鱼晒白鲞，老杨林单提虎头枪；
战过多少英雄将，独怕罗成回马枪。
九月鲈鱼肚下壮，奸臣要算欧阳方；
屈斩忠良呼延寿，困围河东八万兵。
十月鳓鱼血淋淋，刘邦手捧鸳鸯瓶；
多亏公子来相救，后来一马骑双人。
十一月带鱼两头尖，赵匡胤思想大盘殿；
十八家亲眷都撇开，后来柴荣小登殿。
十二月鱼名唱完成，天下造反夺京城；
打得七日七夜吮输赢，吴三桂要到关外去借兵。

## 水路歌

尖仓、横梁、蚊虫山，砚瓦、笔架、铜锣门，
东柱、西柱乱穿梭，乱礁洋面碎粉粉，
大目、小目、韭山近，牛门、珠山连旦门，
销门劈开半边山，鹁鸪飞出淡水门。

## 扞鱼谣

（一）

好女勿嫁撑船郎，
老婆日夜守空房。

回家转，
老娘看见泪汪汪，
老婆看见弗同房。

（二）

老倌扞鱼人，
裤带网钢绳，
出海一晚程，
转来真呛心。

## 石浦人

前世修来石浦人，
先降福禄扞鱼人，
当朝皇上（喻海龙王）将我封，
封我随便去龙庭。
进进铜瓦门（石浦地名），
出出金漆门（石浦地名），
走走八排门（石浦地名），
弯转是三门（石浦地名），
后宫下湾门（石浦地名），
日出照东门（石浦地名），
一日上四朝（喻潮水），
朝朝有仙到（喻海鲜）。

## 四季渔歌

春季黄鱼咕咕叫，要叫阿哥踏海潮；

夏季乌贼加海蜇，猛猛太阳背脊焦；
秋季杂鱼由侬挑，网里滚滚舱里跳；
冬季北风白雪飘，风里浪里带鱼钓；
一阵风来一阵暴，愁煞爹娘和妻小。

## 船名谣

东海渔场满洋船；灵活如鼠舢板船；
船头红红红头船；蓝白桅杆大捕船；
船上加船背子船；四张帆蓬沙飞船；
漂漂亮亮打洋船；小钓流网独捞船；
闲话难懂福建船；还有温州八桨船；
无桨无橹机帆船；功率足足拖驳船；
红旗飘飘高乡船；寻找鱼群带头船；
洋地收鱼冰鲜船；通风报信指导船；
海军开出护洋船；港口管理港监船；
方便上落交通船。

## 船老大

头发蓬松胡须翘，十件衣裳九件破；
顺风驶船吸老烟，大风大浪把牢舵；
看看天色晓得风，瞄瞄海水知鱼多；
五洋四海都走遍，甜酸苦辣都尝过；
咬紧苦胆过日子，家中呒没家主婆。

注：呒没家主婆，方言，呒没即没有，家主婆指妻子。

## 鱼品食疗谣

鱼品历来称佳肴，更有疗效该知晓。
鲤鱼利水又消肿，目中障翳能助消；
清热解毒也对症，止咳下气呱呱叫；
它和甘草勿同食，引起中毒不得了。
草鱼富含硒元素，经常食用抗衰老；
佐疗肿瘤它有份，还可平肝容颜俏。
胖头鱼属高蛋白，头部脑髓含量高；
温中益气祛眩晕，又助记忆益大脑。
鲫鱼健脾并利湿，活血通络开胃好；
肝肾病人宜常食，糖尿病人更需要；
但和芥菜属相克，千万不要忽略掉。
青鱼秋冬食补妙，养胃补气除烦恼；
化湿祛风治脚癣，赤目肿痛炎症消。
消肿保肝说泥鳅，解毒收痔没得挑；
常吃更有壮阳力，皮肝瘙痒有疗效；
泥鳅和蟹性相反，同食营养相抵消。
鳝鱼学名叫黄鳝，能强筋骨补虚劳；
肉内含有鳝色素，对降血糖颇有效；
腰腿酸软快食用，走路困难对症药；
黄鳝维A惊人高，眼疾患者宝中宝。
鲈鱼和胃又壮阳，化痰止咳常食妙；
强向补血益筋骨，促进伤口愈合好。
贫血失眠吃黄鱼，利水明目延衰老；
富含微量元素硒，防治癌症有功效。

但其本性属发物，哮喘病人慎食妙；
更与荞麦勿同食，招致失音可糟糕。
平鱼能降胆固醇，还可调节血脂高；
心血管病宜常食，补中益气不可少。
带鱼吃罢补五脏，润肤养发美身条；
肉含丰富镁元素，高血压人辅助疗；
若和木瓜搭配吃，能杀乳腺癌细胞。
疥疮湿疹人慎食，加重病情反更糟。
对症吃鱼保健康，省跑医院省钞票。
鱼好不能光吃鱼，合理配餐有信条。
一日三餐不重样，荤素菇类兼顾到。
照此吃法坚持住，保君个个寿星老。

## （三）渔家谚语

渔家谚语是象山海洋民间文学的又一个重要组成部分，语句简练，艺术性强，是沿海渔民从几千年生产、生活实践中总结出来的经验之谈，是劳动人民的智慧结晶，其中有许多谚语成为人们指导生产、观天测海的传世经典，成为人们驾驭海洋、掌握天象的一种本领。

蜂无二王，国无二君。
人要人抬，船要水抬。
天下十八省，马屁弗穿棚。（始于清康熙）
家呒主，屋倒竖。
只有纸笔通天下，呒没拳头压太平。
树高千丈，叶落归根。
在家千日好，出门一时难。

金窝银窝，弗如屋里狗窝。

人有几等，佛有几尊。

黄泉路上无大小。

三寸板里是娘房，三寸板外见阎王。（三寸板：指渔船）

年三十夜吃处寻，正月初一都是人。（指逃债人）

一人养一口，裤裆打结走；一人养百口，骑马坐轿走。

九棕十桐，一世弗穷。

马善得人骑，人善得人欺。

黄狗相打，秧田遭殃。

冷羹冷饭好吃，冷言冷语难听。

大个弗作准，小个弄猢狲。

好愁弗愁，愁个大囡吃搭头。

爹愁吃饭饱，囝愁吃鼓敲。

爹要馄饨娘要面，讲弗落直问神仙。

走路趁风凉，嫁人趁后生。

人老颠倒，狗老爬灶。

三月清明断鱼卖，二月清明鱼叠街（海鱼）。

三月清明鱼是宝，二月清明鱼是草（海鱼）。

四月八，挨磨泥螺塔个塔（在海涂上结群的泥螺）。

六月蛏，剩根筋。

早稻发蓬，沙蟹满桶。

八月鳎，壮如鸭。

桐子花落地，白鳊鱼吃味。

退潮泥螺涨潮蟹。

山里头人烧青柴，海边头人吃活蟹。

上山一蓬烟，落海一餐鲜。
落洋年年好，独怕年纪老。
耕田看牛头，摇船看船头。
呆大捕，死张网，活络要算小对郎。
一钓二溜三张网，第四要算柯鱼郎。
东风带雨勿拢洋，老大拘来斩肉酱。

## 三 地方方言

方言土语是一个地区区别于其他地区的重要表征之一。特定的民俗文化环境和特定的方言词汇总是交织在一起的，它们具有共同的基础，也就是地域与居民。由于人们总是用日常生活中最自然习惯的方言，去表达自己的内心世界，所以无论哪一种民俗现象，从本质上说，都是靠口语和行为传承的。不同地域的民俗必然是通过该地区特有的方言词汇表现出来的。在这个过程中，大量的民俗显露出来并且与方言一样，充满了浓郁的地方特色。从这一方面来说，方言可以称之为民俗的化石，所以，社会生活中的人生礼仪、岁时年节、饮食服饰、宗教信仰等民俗的传承与演绎，始终离不开特定的方言。

一个地区方言的形成源于当地的地理环境、政治经济、历史变革等众多因素，一个地区的方言特色也就是当地民俗的演变、发展形式之一。

**1. 象山沿海方言**

象山方言属吴语宁波次方言。因地近温台地区，受台州次方言影响较深，南部尤甚。中华人民共和国成立以来，普通话的推广及与外地联系日益频繁，北方语音、语词虽有渗入，但本县语言体系仍无显著变化，县内地域性差异较明显。大致说来，可分三个方言小区：

东乡方言小区，包括东乡小半岛各乡镇，以丹城话为代表。其语音较软和，接近宁波方言。句末常带拖腔，尾音略微上升。

南乡方言小区，包括南乡小半岛及东门、南田、高塘、檀头山等海岛各乡镇，以石浦话为代表。其语调较高亢，台州口音较重。南田、高塘一带，三门口音更重。东溪、旦门一片，鼻音特多，如“老酒摆在头缸头”，说成“老金摆在滕缸滕”。

西乡方言小区，包括西乡地辖各乡镇，以西周话为代表，其语音与丹城话颇近。一个明显特点是舌尖中音与齐齿呼相拼时变为舌面音，如“天地良心”，说成“千奇羊心”。唯儒雅洋村无此种情形，泗州头、茅洋、南堡等地语音似南乡话。泗洲头镇灵南及西周镇下沈溪则说宁海话。

此外，尚有爵溪、沙塘湾两个“方言岛”。爵溪话仅限于爵溪城区内，实为北方方言，因长期受本地话影响，浊音较多。沙塘湾话，仅限于石浦镇沙塘湾村，系闽南话。两地居民对外交往时，爵溪人说丹城话，沙塘湾人说石浦话。

三个方言小区词汇亦有不同。如丹城、西周称“我们”为“阿拉”，石浦则多说“我等”“我拉”；丹城、西周称“哪里”为“阿达”“阿里”“阿横长”，石浦则多说“挪搭”；丹城称“地方”为“坞采”“坞塘”，西周多说“坞赛”，石浦则多说“嬉界”；丹城、西周称“上午”“下午”为“空梭”“晚界”，石浦则多说“早界”“晚界”；丹城称“什么”为“奢些”，西周说“阿些”，石浦则多说“嘎姆”；丹城称“父亲”“母亲”为“阿伯”“姆妈”，西周说“阿大”“姆妈”，石浦则多说“阿爸”“姆妈”；丹城称“小孩”为“嬉佬”“小奼”，西周常说“小货”，石浦则多说“小端”。

## 2. 象山方言的修辞形式

象山方言是汉民族语言中的一颗璀璨的明珠，它是象山历代劳动人民智慧的结晶。这些方言生动风趣、概括力强、意蕴丰富、朗朗上口，堪称民族语言的一朵奇葩。

象山方言中运用比较多的是比喻手法。例如："七脚猢狲"，比喻很不稳重、十分好动的人；"太湖强盗"，比喻衣冠不整、吃相可怕的人；"大水花蛇"，比喻没有主见、不够精明的人；"倒牢军师"，比喻尽出歪点子，反而把事情搞糟的人；"横三胡琴"，比喻蛮不讲理的人；"呒气火棍"，比喻肚量大、不会生气的人；"贼头狗脑"，比喻东张西望、很不正经的样子；"风倒风钭"，比喻没有主见、哪边势大往哪边靠的行为；"贼出关门"，比喻发生失窃情况之后才采取安全措施的做法；"生病黄鱼"，比喻一副病态、萎靡不振的样子；"死蟹一只"，比喻毫无办法、没有转机；"倒船老大"，比喻没有经验而造成重大损失；"呒头苍蝇"，比喻没有目标的瞎闯……上述成语都是仅有喻体，而并无出现本体的比喻方式，用修辞术语说就是"借喻"。另一类比喻式方言则是本体和喻体同时出现，只是省去了比喻词。例如："心烦鸡爪"——心像鸡抓那样烦；"贪肚蚂蟥"——像吸血的蚂蟥那样贪心不足；"贼吃狗困"——像贼那样吃，像狗那样困，喻指穷困潦倒，或者不像正常人那样生活；"蜜通水甜"——像蜜与水相拌那么甜；"血的水红"——像血水那样红；"贼骨挺硬"——像不怕打的贼骨头那样硬；等等。还有一类比喻式方言甚至有两个以上的喻体同时比喻一个本体。如："干姜瘪枣"——像姜、像枣那样干瘪；"雪刮水嫩"——像白雪、像春水那样嫩；"雪的丝白"——像雪花、像蚕丝那样白；"漆墨洞黑"——像漆、像墨、像洞那么黑。此类比喻在修辞中叫作"复喻"（又称"博喻"）。

象山方言中还有一类在比喻中同时含有夸张的成分，可称作"夸张式比喻"。例如："撮虾过酒"，比喻不费吹灰之力就能把事办成；"神仙八刁”，比喻像神仙那样无所不知；“老鸟吭毛”，比喻年少老成；“活龙虎跳”，比喻身体无病，非常健康；“龙腾马转”，比喻脑袋灵光，处事灵活；“透肚刮肠”，比喻毫无保留地把心里话全都掏出来。另有一类方言词语则不含比喻，纯属夸张，例如：“坐吃山空”“红头赤颈”“花头百出”“旺声夹脚”“人情四海”“大痛腐心”“着劲跺力”“撩天八脚”等。

象山方言中还有不少属于“借代”的修辞手法。所谓借代，即借用与本体事物有着实际联系的事物来替代，使之表述精练、形象生动。例如：“问客杀鸡”，指代待客实在、不讲究客套的那种情况；“哄鬼上吊”，指代骗人上当的行为；“吭影撮影”，指代毫无根据、捕风捉影的话语；“寅吃卯粮”，指代前吃后空、生活拮据的状况；“多劳洋钿”，指代多管闲事、吃力不讨好的行为；“爹头娘脚”，指代前言不搭后语；“大手大脚”，指代出手大方、乱花钱的行为；“狗皮淘糟”，指代贪小便宜或不讲信用的行为；“活络头子”，指代善于投机钻营的人；“吭官三品”，这里的“官”其实是指代“管”，意为无人管制便可随意胡来；“眼观三块”，这个成语很有趣，其本义是吃饭时眼睛盯着三块肉——“桌上一块，面前一块，自己碗里一块”，指代做事必须瞻前顾后，还须自觉主动地做。

象山方言词语同一般的书面成语一样，大多由四个字组成，往往两两对应，平仄搭配，抑扬顿挫，朗朗上口，这是由于大量地运用了“镶嵌”的修辞手法。所谓镶嵌，即是在某组词语里插进一两个意义并不相干或者根本没有意义的词，使之说起来上口或者产生某种语气。例如：“责（里）责水”“邋（里）邋遢”“直（刮）爽利”“吃惊（打）吓”“吭时（挨）节”“雪（的）丝白”“断（的）刮燥”“（的）滑溜去”“雪（刮）水嫩”“多嘴（夹）张”“（省的）咸苦”等，这些词语括号内的词都不表意义，仅仅是起镶嵌作用，使之凑成四个字而已。方言中还有一类镶于词尾的语气助词，例如：“老三刮（气）”“死样活（气）”“阴阴怪（气）”“花睑头（气）”“韧皮刁（气）”“搓蛋刮（气）”“大舞塌（气）”“聋鬇倒（气）”等。另外，还有不少是用数词“镶嵌”的。有的数词镶在头里，如“（三）勿相信”“（三）勿落档”“（三）勿买账”；有的数词嵌于中间或末尾，如“挜（七）狗对”“邪（七）（八）对”“乱（七）（八）糟”“刁吪（七）样”“仙人（八）刁”“外行夹（七）”“和夹（廿三）”“搅（七廿三）”等。有的则是有规律地嵌于一、三两处，如“（三）见（六）面”“（七）吞（八）滚”“（七）倒（八）钭”“（七）荤（八）素”“（七）闯（八）跌”；有的嵌于二、四两处，如“勿（三）勿（四）”“喝（三）话（四）”“头（五）头（六）”“歪（七）钳（八）”等。上面所有这些镶嵌于词语中的数词，都失去了它们的表数意义，只是起着结构助词的作用。

但是，也有一些方言词语中所含的数词，还是有一定的表意作用的。如“一门心思”的“一”，表示专一；“一塌刮子”的“一”，表示全部；“一厢情愿”的“一”，表示单一；“三抛三跌”的两个“三”，表示多次；“三时八节”的“三”与“八”，表示经常；“四亲六眷”的“四”与“六”，表示方方面面；“六六顺溜”的两个“六”表示非常顺利；“七手八脚”和“七抬八挈”中的“七”与“八”则表示多而杂乱。还如“四四十六”，这是一个由乘法算式构成的成语，有周全、正规的意思。显然，上述方言词语中的数词都有其指代意义，因而从修辞上分析已不属镶嵌，而属于“借代”手法了。

**3. 南田方言台州脉**

南田与石浦一江之隔，语音大不相同，这是由于建置沿革隶属造成的（今之石浦镇坦塘岛昔属南田县，中华人民共和国成立初划隶象山县，其语音未改，仍属南田音）。石浦港中有中界山，是台州和宁波的分界，也是宁海（古南田属宁海）与象山的分界；鹤井洋中有台宁屿，是台州与宁波的分界。古南田属台州府宁海县五十一都临门，唐属台州宁海县依仁乡万岁里。故提到南田方言，一定要提到台州方言。

南田方言属台州方言系。台州方言属吴方言五大分区里的台州片，以临海为代表在发音和用词、语法等方面都和汉语（普通话）有较大差别。但台州话的变化也很多，甚至各县市之间的发音也有较大差异。

广义上的台州话，包括临海话、黄岩话、仙居话等，又可细分为南台片、北台片。南台片包括临海、黄岩、椒江、路桥、温岭、玉环、乐清（清江以北），语音接近北台小区，代表为市区和温岭话。北台片包括三门、天台、仙居、宁海（岔路以南），代表为天台话。南片的黄岩、椒江、路桥、温岭等语音比较接近，北片的几个方言则相差较远。

现在的南田话与古代的南田话可能是有区别的。明洪武二十年（1387年），封禁南田，居民内遣，空虚其地，至清光绪元年（1875年）开禁，近五百年。封禁时南田居民尽遣至台州府各县，至开禁时招垦居民大都来自南台片沿海居民。故洪武二十年（1387年）以前南田口音属北台片，音近宁海县三门湾的长街及健跳、海游一带口音。光绪元年（1875年）以后属南台片口音，变化的原因在于五百年封禁前后居民、氏族等变迁。

**4. 爵溪“所里话”**

“所里话”是象山县的一个军话方言岛，分布于原爵溪千户所城内。该方言岛是在明代卫所官兵带来的北方官话的基础上，经与当地吴语长期接触和相互影响而逐渐形成的，方言兼具官话和吴语的特征。爵溪城内的原住民，其祖先多来自河南开封等地，属明抗倭后留住下的官兵。清代、民国时，温、台渔民大量涌入捕鱼居住，南北方语言交流，逐渐形成一种独特的语种。清代诗人钱鸿宾《爵溪·怀古》诗曰“溪以山名爵，何年建所城……人音非土著，信国古屯营”。说爵溪言语至今皆“汴音”，汴是河南开封市的别称。

爵溪方言，词语丰富，生动有趣。如在汉语人称的复数中，只有“你们”“我们”“他们”，而爵溪话中却还有一个“谁们”，这个谁们是指还有别的什么人。

语言简洁，如表达“这么”“这样”的意思时，爵溪话用“怎”字，如“怎大”“怎快”“怎高”“怎坏”等，怎字的使用频率较高。如对时间诸如“前天、昨天、今天、明天”等，爵溪话只用“前、昨、明、后”，省去“天”字。

但有时词尾又多带“子”字，如稻、麦、茄、鞋、袜等这类词，爵溪话词尾都带“子”字，还保留北方方言的特点。对人体的长相比喻，也生动形象有趣，如瘦的人就叫“沙蟹精”，人高的就叫“长脚凉竿”，人胖的就“大炮”“大块头”，人瘦小的则叫“僵佬红枣”。叫泼妇“魔狸精”，称妖艳妩媚的女人为“狐狸精”。

如果见到春心荡漾、讲话疯疯癫癫、略带轻浮的妇女，人们就会笑她说：“你这个入辽东。”这句话比喻生动含蓄，源出唐诗中的《春怨》诗：“打起黄莺儿，莫教枝上啼。啼时惊妾梦，不得到辽西。”将“到辽西”改作“入辽东”，意谓得相思病，可谓入木三分。

对一些家里很穷，在外面又要摆阔气的，就说：“你呀！家里烧缸灶，外面充大佬。”对事情未做就到处吹嘘的人，就会说：“羊肉未吃，羊臊贼臭。”对一些无事找事、挑三拣四的人，就说：“你这是鸡蛋里挑骨头。”对那些无事找事、多管闲事的会说：“你真是好亲不亲，人家棺材抬到自家屋里厢来哭。”对身体健壮、脸上发光的人会说：“你真是龙光仙健，油光水滑。”还有一些较古老的爵溪话，如要当心火、小心等，爵溪老人则说“火要监记”。避开风口的爵溪话为“窝风”等。

# 四 传统民俗

涉海活动历来是象山居民重要的生产、生活内容，也是象山经济、文化的重要构成部分。早在6000多年前，象山先民就在城东塔山脚下耕海牧渔，创造了灿烂辉煌的塔山新石器文化。久居此地的先民们在长期与自然、海洋的搏斗中，总结、传承了大量涉海的规约习俗，包括海洋生产习俗（渔业、盐业、农业、商业），海洋生活习俗（服饰、饮食、居住、交通、语言），海洋信仰与禁忌习俗（妈祖、如意等信仰），礼仪民俗（婚、丧、嫁、娶等），岁时习俗，民间文学艺术，民间游戏，等。

## （一）海洋民俗

象山海洋民俗文化反映着沿海人民代代相传及岁岁积淀的生产、生活的文化轨迹。其中许多海洋民俗伴随着子孙后代的繁衍生息一直延续至今。

### 1. 海洋捕捞习俗

出海：旧时，渔业生产设备简陋，渔民一上船就身不由己。历来有“船内三尺是眠床，船外三尺见阎王”之说。因此，他们只有祈求神灵保佑平安。出海，择日逢双不逢单，一般在农历三月廿二出海打头水。出海前先上香拜菩萨。船老大向菩萨许愿，祈求“捕鱼丰产回来”，并许以请戏班做戏来还愿。然后，请菩萨下船，渔民要沐浴换新衣，手捧佛袋（上书“天上圣母娘娘”）边走边敲锣，规定敲十三下。佛袋请到船上，就把它钉在船舱内，然后摆开酒筵，宴请亲朋。石浦、东门一带供天妃宫娘娘，爵溪也有供赵五娘，这大概是希望能在险象环生的海洋生产中，得到如母爱般的保佑。(这里有个很有意思的现象，昔日是禁止妇女上船的，可是他们供在船上的保护神都是女性。)

开洋：渔民出海捕鱼，谓之“开洋”，鱼汛结束称“谢洋”。渔业须集体作业，各有分工，相互配合，听从指挥，同舟共济。人太平，鱼满舱。出洋捕捞请(祈祀)船龙，在船头供牲福礼、酒具筷子，点燃香烛，行礼如仪；酒过三巡，烧化金箔，撮食、洒酒于海。新船出海，供品丰盛：有全猪(所谓全猪，实为猪头、猪尾，尾横插猪嘴间)，全鸭，盘面，等。

坷洋山：旧时鱼汛俗称洋山，出海捕鱼称坷洋山。爵溪大目洋海域靠洋山，四水洋山(二水旺发)。洋山捕黄鱼，从立夏前后开始，谓之头水。一水历时一个大潮汛期，前后六七天。二水在小满前后，俗称四月半水，黄鱼旺发。三水后黄鱼群散退，俚语云“头水黄鱼进洋，二水黄鱼满仓，三水黄鱼落洋”。洋山一到，大目洋海面万舸云集，北至舟山嵊泗，南至玉环、临海、温岭、石塘、平阳，远及福建连江等地的渔民，渔船大小不一、形状各异。停潮时，高高低低桅杆遮住东海半边天。沙滩上补网，拷网，晒网，装网，一片繁忙。渔船出海时更是蔚为壮观：千帆竞发，帆影叠嶂。傍晚，渔船归航，灯火晃动海面，如繁星缀空。沙滩上到处是忙碌的人群，渔民及鲞工卷着裤筒到船旁将一筐筐黄鱼搬到沙滩及鲞厂屋棚下，过秤收购后，开始加工黄鱼鲞，长达千米的沙滩上堆满金光闪闪的黄鱼。人来人往，熙熙攘攘，口哼自编渔歌。海棠糕、梅花糕等各色点心摊遍布沙滩各个角落，闽语不绝于耳，货郎摊琳琅满目，一派鱼汛繁荣景象。

听鱼：昔日渔船，一般船上五六人，爵溪独暸船多为十一人。老大一人，副老大二三人，称“多人或看舵”，弟兄五六人，伙计二三人，各有明确分工。老大总指挥坷鱼时，船员要绝对服从。副老大在船舵底俯身贴耳听鱼，听到“鱼口”好(叫声密集)，急喊：“鱼叫。”老大听了断然下令“下网”，弟兄们立即把网抛入海中。立夏后，大黄鱼群集大目洋产卵，鱼群密集；海底一片嗖喋声，悦如清明后田间蛙鸣声；一网撒开，围网收拢，渔船恍若浮于金灿灿的黄鱼群上。

崇拜黄鱼：渔民对黄鱼极为尊重，捫到第一条大黄鱼，先是捧着黄鱼到船舱走一遍，以求黄鱼满仓，满载而归，谓之“游满仓”。然后供船上的菩萨，供毕，老大吃鱼头，其余从人分吃。视鰡鱼为不祥之物，若捕到鰡鱼，立即把其头斩掉。海上捕鱼下网前，先用黄糖水洒遍全船，渔民身上也洒，以示清净。再用盐掺米洒在网上和海面上，并烧起金箔，意为给鬼邪们一些好处，别来打搅。若遇生产不顺利，就将稻草把点燃，在船的四周挥舞一番，口中念着咒语，以驱赶晦气。遇到狂风大浪，则向大海抛木柴，同时跪求菩萨保佑并许以大经。

谢洋（称“散福”）：渔民出洋归来，或出远门捫鱼都要进行谢洋仪式。过去石浦东门村大捕船北上岱衢捕“洋山黄鱼”，行前一早，各长元（船主）、老大、伙计至天后宫祈福，供三牲福礼。祈毕即请船龙爷上船，由长元或老大手捧红桶盘，中有船龙爷、顺风耳和千里眼三神，前点红烛一对、清香三炷，一人撑黑面阳伞护盘，迎至船舱（即圣堂）恭拜，祈求保佑，平安丰收。北上之船，不少渔民携带家眷去岱山。北上之日，街头巷尾，人声鼎沸，船上红旗招展，岸上送行人员众多，鼓乐喧天，鞭炮声此起彼伏，祥和热闹。现在开渔节有隆重的祭海仪式和元妈祖巡行。

做渔戏：鱼汛结束，遇到丰收要请戏班“做渔戏”。鱼汛期捕鱼产量最高的称“红老大”，享有很高威望，由他出钱请戏班做戏：一是庆贺，二是还愿。一连几天几夜，是渔民最快乐的日子。

随着社会不断进步，上述习俗有的淡化，有的消亡，但祭海、祭神、分工、开洋和谢洋、新船下水、拜船龙、鱼汛等许多习俗还是保留着，个别习俗（如开洋节等）已被赋予现代含义而发扬光大了。

### 2. 石浦十四夜

石浦镇地处东海之滨、象山半岛南端，背山面海，南北延伸，海陆连贯，素有“浙洋中路重镇”之称。石浦镇地理条件优越，具有独特的人文景观和浓郁的渔区风情，海洋文化、渔俗文化底蕴十分丰厚，现为中国历史文化名镇。

石浦的元宵民俗非常独特，过十四，而不过十五；不吃元宵，而是吃“糊粒”，它的由来与明代嘉靖年间，沿海抗击倭寇有关。据说，有一年的正月中旬，倭寇趁着民众忙于过节，大举入侵昌国、石浦、南田一带。戚继光的军队和老百姓一道奋起抗击，最后取得了胜利。正当大家杀鱼宰猪欢庆抗倭大捷，各种菜肴正准备下锅的时候，探子来报，另有一股倭寇前来报复，进犯我地。军情危急，来不及一盘盘烧煮，伙夫就匆忙把切好的各种小菜一起倒进锅里，煮烧一段时间后，加上米粥、薯粉，做成“糊粒”，立刻叫大家吃起来，既当饭又当菜。将士们吃饱后，士气大振，经过一阵拼杀，大获全胜。这天正好是正月十四。从此每逢正月十四，家家户户都吃“糊粒”以示纪念，“糊粒”象征着团结、胜利、欢庆和美满。这种习俗一直流传至今，已沿袭成为一种民俗活动。

古时，石浦“十四夜”，有八种活动并存。

吃糊粒羹：象山石浦一带、鹤浦、高塘等地的群众在正月十四日夜，有吃发财糊粒羹的习俗，糊粒用黄豆、虾皮、咸肉切细拌番薯粉煮成的，也有用糯米浆、桂花做的甜糊粒羹，小孩们自带碗筷，串街走巷，挨门挨户吃糊粒羹，边吃边说：“吃发财羹啦！”主人家不分熟人或陌生人，凡来之人，每人一瓢。串门人越多，吃得越多，人会越聪明。讨糊粒的人越多，主人家越会发财。

请簸箕姑娘：在石浦，十四晚上最盛行请簸箕姑娘祈祷平安、幸福、四季丰收。当天晚上，屋内外点亮灯，堂前放一桶水，桶边挂一面镜，选四位姑娘盘腿坐地，每人右手竖一根筷，上顶一只圆簸箕，簸箕上放剪刀、烙铁、尺、花四件，然后姑娘们静心同诵“簸箕神圆滚滚，剪刀烙铁做媒人，花给你戴，粉给你塔（搽），请你簸箕姑娘来看灯。今年灯不比往年灯，四四方方角牌灯，两头尖尖橄榄灯，七手八脚稻蟹灯，扣鱼人喜爱是鱼灯”。念着念着，圆簸箕自然会按顺时针方向不停地摇摆起来。此时，问年龄、问亲情、问年成等，簸箕便会一声声准确敲响水桶。旁人里三层外三层围观，既好奇又开心。

走十四：石浦当地有句俗语叫“要睡冬至夜，要吃三十夜，要走十四夜”。十四夜里，人们从寺庙抬出菩萨，称行神。一路上，锣鼓在前，龙灯、鱼灯、马灯、车子灯等在后，男女老少提灯观灯，全家出动，大街小巷人如潮涌，热闹非凡。即使足不出户的大户人家的女子也会在十四夜或涂脂抹粉，或素装打扮，名正言顺穿梭于人群里，走庙，观灯，看热闹。万众同欢“走十四”，表达了人们对生活的热爱，对劳动的赞美，对理想的追求。

十三上灯，十八倒灯：十三晚上，人们要抬着大鼓，敲着锣鼓去上庙点灯，俗称“点天灯”避邪。到正月十八，彩灯摘下收藏，意味着一年忙碌的生计就此开始。旧时石浦多寺庙，庙的山门边，大殿内红灯高悬。各家门口、堂前、房间亦挂灯，俗称“发财灯”，可以招财进宝。灯有桃子灯、荷花灯、青蛙灯，渔区以鱼灯为主，用蔑扎纸糊，蜡烛点，大小不一，各有千秋。

看新媳妇：新娘子结婚后，过第一个元宵节，十四那天晚上，要穿婚衣，盖婚纱，坐上床边重温新婚夜，让亲朋好友、左邻右舍看、说、笑、闹。主人家以糖果、红枣茶热情招待。据说，闹的人越多，新媳妇就越能早早怀上孩子，于是主人家都很愿意请大家去闹。

摇小竹娘：小孩子为了快点长高，在正月十四那天晚上，就跑到竹园里去摇小竹娘。边摇边念："摇摇小竹娘，今年划（还）是你长，明年与你同样长，后年划（还）是我长。"

扮故事：十四日晚上，东门岛渔民在直街三角地、东边道头、西边土地庙道头等地，二三人一班，脸孔着色，身着奇装异服，立在凳、桌上，曰"扮故事"，有说有唱，讲岛上新鲜事，说外地新闻，滑稽有趣，常使围观者捧腹大笑。元宵节期间，还有舞鱼灯、跑马灯，鼓乐阵阵，演唱马灯调："正月里来闹鱼灯，洪武兵马到浙东，东行大将胡大海，殿后督军常遇春。元春。二月里来……"至今上了年纪的东门岛人，还能哼上几句。

打生：家有媳妇多年未生，这天家人就在桃树底下打生。"打生"游戏是把媳妇带到桃树底下，凑热闹者就会边打边问："你生不生？"如果新媳妇怕难为情不说话，便继续"打"着玩，直到她说出一声"生"，大家才高高兴兴回家。

### 3. 七月半放水灯

七月半放水灯是渔村古老的民间习俗，东门渔岛最盛。我国古代有上元、中元、下元三个节日。上元即农历正月十五，俗称元宵节；中元是指农历七月十五，古代是祭祀先人的节日；下元是指农历十月十五，是曾经用来纪念贤人的节日。

六十岁以上的人，大概都知道孝子"目莲救母"的故事。目莲的母亲刘四娘，生前犯有重罪，被打入十八层地狱。目莲愿意以身代母受罪，请求佛祖赦免母亲。佛祖感其至孝之心，授以《盂兰盆经》嘱其七月十五诵经供奉。为使天下子女均有回报母恩的机会，目莲又恳求佛祖大发慈悲，准许天下子女每年七月十五，诵《盂兰盆经》，广施"焰口"，使在世母亲健康长寿，为过世母亲消罪免难。清代诗人王植三在《东门竹枝词》中云："盂兰盆会纪中元，招得孤魂启佛筵。"因农历七月十五被佛教徒称为"盂兰节"，民间也就有了"盂兰盆会"。

举行盂兰盆会佛教仪式时，由老东门城隍庙柱首（当家人），敬请五至八位和尚念经做道场，其中一人为法师。

傍晚时分，在船埠头搭起高台，挂“鬼门”“人门”两门，设盂兰盆（竖倒悬）一只，为八角长方灯，号有“东、南、西、北”四城门名。两张八仙桌上供有肉、鱼、蛋等十二碗，还有点心、水果等祭祖羹饭，十分丰盛。渔村各家老百姓则把“羹饭”摆到门前路边，摆供品、比孝心，意为晦气全无，财源滚滚而来。

户户制作麦饼筒，就是先用麦粉制成直径不到一市尺的圆形薄饼，厚度不超过两三毫米，然后将桌上的菜肴，如肉丝、鱼片、炒蛋、豆芽、冬笋等，随心所欲地夹在薄饼里，再把那薄饼像蜡烛包那样裹起来，用手直接送到嘴里。

家家制作水灯，五彩缤纷，品种繁多。水灯亦称海灯，底座是稻草。先用竹子做成“十字”或者“井”字骨架，骨架大小根据水灯大小而定，再将草绑扎于竹子上。底座中间安装一小钉，为插蜡烛用，然后将红、黄、蓝各色彩纸裱糊在竹骨上。灯的形状各异，除了宝莲灯之外，还有鱼灯、虾灯、蟹灯、海星灯、六角灯、八角灯，色彩和形式多样。

因要把祭祖活动推到高潮，施放水灯，必在广施焰口后。船埠头边站满男女老少，施放者候准潮时，在平潮时分，把一盏一盏水灯装在舢板上，摇至港中央。放灯为三人一组，点烛，插烛，传递，放灯，一环扣一环，动作迅速而熟练，不得出差错。先由两盏莲花灯引导，皓月高挂，照得港面上银光闪烁，一盏又一盏，多姿多彩的水灯，在海面上晃悠。波浪中那红、黄、蓝一色又一色的灯，散开又并拢，并拢又散开。一次放水灯，少的是几百盏，多时有上千盏。波动的海面成了流水溢彩的世界，“万点红灯波历乱，星河倒影水连天”。水灯随波逐流，随风飘荡，向门头方向漂去，形成长蛇阵，五彩缤纷，煞是好看，把港湾装扮得异常艳丽，岸边观者大呼小叫，谈论不绝。灯载着做灯人和渔家的希望与祝愿，漂向它要去的地方。当水灯渐渐远去，人们也渐渐散了。

放水灯民俗表达了渔村民众盼望平安和吉祥的愿望。

### 4. 石浦拜船龙

石浦渔民认为每条船都有“船龙”，能够保佑渔民出海平安、满载而归，所以必须虔诚祭拜。“拜船龙”旧时都由各船船主出资买供品，由船主或船长祭拜。

“拜船龙”的时间一般在每次出海当天上午涨潮时分。供品摆放的位置大都固定在过桅杆靠近船头的甲板上。供品有五盘，分别是肉、鱼、蛋、豆腐、面（点心）等，中间摆放肉，两边摆放鱼、蛋，最外面摆放豆腐、面（点心）。过去供品都放在红漆桶盘中，现在则放在船员盛菜的大盆子里。

有的渔船有八盘或十二盘（一般在过年时用十二盘）。如果放八盘的，再加三盘水果或干果，干果一般都用红枣、桂圆、核桃等。在供品后面放五个大酒杯，现在改用渔民吃饭的饭碗。酒杯后面放两个烛台，插入大红蜡烛点上，蜡烛中间放香炉插香。放妥后，船主或船长点上三炷香面向船头，边拜边口中念念有词。大致意思是希望船龙爷保佑一帆风顺、满载而归。拜罢，把香插入香炉，拜几拜（有的跪拜），在酒杯里倒上酒。酒过三巡，烧上经，把酒洒在船头一周及船头两边的海里。祭毕，收起供品。

### 5. 渔村节气习俗

节日一旦形成，由于人们的沿袭，便赋予它相应的内涵。一些传统的节日，带有迷信色彩。随着社会的发展、科学水平的提高，迷信成分逐渐淡化，与人们生活联系不太紧密的节日逐渐被淘汰；与人们生活联系紧密的节日，其健康有益的内容不断得以延续，并与现代生活结合起来，更富情趣。

大年初一放炮仗：黎明前，家家户户燃放爆竹（炮仗），谓开门炮，以示全年生活红火，民间有“天降财气门开早”之说。长辈及儿孙均早起，穿新衣裳。庭前檐下除夕即打扫干净，初一不扫地，不倒水。有的家中堂前设香案供上果品，称供天地。早餐，家家吃红豆汤果，先供灶山菩萨（有的举家食素）。早晨，长辈接受儿孙跪拜，给拜岁钱，并给糖果、炒花生、炒倭豆、番薯片等食品，“拜岁拜嘴巴，花生、瓜子自己拿”。夕阳西沉时，吃晚餐，早点关门熄灯，意在财气永留。初二出门向亲友拜岁，近邻好友还互访互宴，谓吃新年饭。饭后，开始舞鱼灯、跑马灯等活动，而东门渔民不舞龙灯以示对船龙爷敬意。20 世纪 80 年代后，初一早晨，艘艘渔船升起大红旗。初一、初二家家户户祭扫祖坟墓，带上香、蜡烛、纸箔、炮仗，谓拜坟岁，寄托哀思，祈求新年吉祥。

二月二，炒糕头：二月二日，相传为百花娘子生日，姑娘妇女结伴去野外，炒年糕聚餐，称吃天外饭，意为这天吃天外饭，能使人聪明、漂亮、乖巧。在家之人，中午炒年糕吃，谓之“二月二，炒糕头”。

三月三，海螺爬上滩：相传有个皇帝的女儿，胃口不开，脸色蜡黄，宫中太医也诊治不好。有大臣奏：东海海岛礁石中的海螺，吃了能增食欲，肌体白嫩红润。皇上乃下令东海岛人将海螺作贡品送至皇宫。那天刚巧三月初三，海岛男女老少，到海边岸礁拾螺，齐声呼叫：“今天三月三，为了皇上囡，海螺快快爬上滩。”农历三月正值春寒消退，海潮转暖。蛰居海岩缝隙的海螺纷纷出游，沐浴在和煦春光中，是拾螺最佳季节。每年三月三，东门岛人，要到门头嘴、黄泥崩、李氏湾一带海岩边拾螺。有摇舢板到黄沙湾、秤锤礁、缸爿礁、铜头山、檀头山等岛礁上去拾。海螺品目繁多，有辣螺，香螺，珠螺，马蹄螺，芝麻螺，蟹螺（螺壳中藏有小蟹，不能吃），等，外形、味道各异。

清明：家家祭祖、扫墓。节前户户择晴和之日，携酒菜、麻糍、香烛、纸箔等至上辈墓地上坟。上酒三次，跪拜世祖，祈求全家平安。拜毕点燃纸箔，遗赠亡者。向坟顶加土，插坟头纸球（纸钱），亦有放炮仗三枚。奠拜前先砍除坟墓周围及墓上杂草。旧时，常有闲人或小孩来打坟头桩，协助清除杂草，受赠麻糍、点心或钱币。扫墓毕，回家中摆桌，祭祀祖宗、长辈，曰清明羹饭，要有一碗全鱼及螺，以示子孙可做官。

立夏：立夏前后，农民插秧。渔民进入鱼汛旺季，为劳动大忙时节。亦为补身的节日，有“千补万补，勿如立夏一补”之说。早餐煮糯米饭，喝红枣木耳汤或鸡蛋老酒，还吃红鸡蛋、茶叶蛋。儿童胸前挂有色线织成的网袋，放着红鸡蛋；有的带白蛋、茶叶蛋，互相顶蛋，看谁的蛋最硬，顶破了吃掉，称斗蛋。各家吃小竹笋和软菜：小竹笋整根吃能壮脚骨；吃了软菜，热天不会生痱子。还有人家用绳子在梁上挂一杆大秤，让左邻右舍姑娘、小伙子、儿童来称体重。

端午：五月初五，家家裹粽子，门上插菖蒲，挂虎头、八卦牌或张贴虎画，有的还挂门神钟馗像，以驱魔去邪，保平安。正午，屋内喷雄黄烧酒，驱蛇虫。年轻妇女做各色香袋，以蛇、蝎、壁虎、蟾蜍、蜈蚣“五毒”香袋为多，还有虎、八卦香袋，以祝福少儿平安无事、活泼健康。节前，新女婿向岳父家送节，特别是头节（结婚后第一次）较丰厚，有粽子、猪肉、老酒、鲜鱼等，用套篮挑进。岳父母则回送一套质地较好的衣料。

五月十三：旧时为弟兄会，系朋友或结拜弟兄聚会之日，有吃麦糕、馒头和馄饨之习俗。当天，兄弟朋友来到官基山上的关圣殿或天妃宫、城隍庙等寺庙，跪在庙宇天井，自报姓名、年岁，发誓有福共享、有难同当、永不变心。然后以花生、炒豆佐酒，猜拳狂饮，不醉不归，故有“老酒不喝醉，不算好朋友”之说。

六月十九观音成道日：相传为观音成道日。旧时，渔民大多信奉佛教。六月十九日，东门庙庵都会大办佛事，善男信女朝拜者不计其数。

立秋：渔民为避秋季炎热，立秋日均吃西瓜。立秋时辰在白天的，谓“穿衣秋，秋季凉爽”；立秋时辰在夜间的，谓“脱衣秋，秋后闷热”。

七月半节：农历七月，正值渔民休秋，船进港，网上场，人上岸。渔、商忙毕思逸，邀亲约友，煮菜备酒，欢聚消劳，祈求吉祥平安，形成七月半会期。会前家家忙碌，户户欢腾，远乡近村，左亲右邻，扶老携幼，纷至沓来。东门岛上人声鼎沸，笑语盈盈。其时正是高秋季节，疾病颇多，户户做羹饭，祀祖求保佑。七月半节，月初开始，以十五为中心，城隍庙、天妃宫、王将军庙等处轮番演庙戏。若遇鱼丰年，各高产船出资演戏，俗称船头戏。俗谓“七月半长长节，做到八月十六息”。

七月三十点地香：相传七月三十日为地藏王生日。晚间，在房前、路边、屋旁到处插香，称点地香。是日晚，东门人还要走四庙，到城隍庙、关圣殿、王将军庙、天妃宫插地香，庙宇烛光红通通，地香烟火点点，煞是好看。有的把香插在大海螺壳上，高高悬起，称点香球。

中秋：象山以八月十六日为中秋节。八月十六日，皎洁圆月，凉爽秋夜左邻右舍相聚起，举觞共祝。女婿要到岳父家进月饼、烧酒，亦称送节。

冬至：早餐，家家吃红豆汤果。冬至夜为一年中最长之夜，有“要困冬至夜，要吃三十夜”“吃了冬至汤果，年纪又加一岁”之说。

除夕：农历十二月二十日后，家家户户准备过年，忙于掸尘，捣年糕，炒倭豆，做番薯片，打米胖糖，等。二十五日、二十六日，设案堂前（中堂），选潮涨时辰，用三牲福礼祈求降福，称谢年。祭祀祖宗、先辈，做过年羹饭。除夕晚，全家团圆共享佳肴，吃年夜饭。夜间室内点灯，间间亮，门户敞开，祈盼财气进门。通宵不眠，称守岁，又称守爹娘双全。临睡，长辈给晚辈分压岁钱。主妇把年糕切成片，在秤、斗、米甏等处放一片年糕，祈求来年财盈粮丰“年年高”。睡觉前，放爆竹为关门炮，盼望来年更好。

**6. 渔区丧葬习俗**

丧葬仪礼是人生最后一项仪礼，是一个人人生旅途的终结。中国各民族所处的自然环境、社会形态、宗教信仰不一，于是形成丰富多彩的丧葬仪礼和丧葬方式。受儒家“事死如生，死亡如存，仁智备矣”思想影响，浙东沿海地区十分重视丧葬仪礼。乾隆《象山县志》载：“丧礼：有丧即讣告族亲，谓之‘讣音’。往唁，谓之‘问信’。大殓成服，设铭旌，帏堂，族亲毕集，谓之‘送殓’。受祭吊，谓之‘开丧’。归窆，谓之‘送丧’。丧毕，孝子往拜亲邻门，谓之‘谢孝’。初死，遇七必祭，谓之‘做七’。七七乃止。如七期逢月之七日，谓之‘撞七’，礼加厚。盖七日来复，孝子思亲，礼犹可通，而廷僧巫礼忏则失之矣。设灵堂，进膳如生时。次年正月，亲邻香烛来拜，谓之‘拜座’。二十七月除之，谓之‘除灵’。”

送终：旧时老人（病人）临死前，亲人守床前“送终”，记录老人的遗言，并给老人喂几口饭，剩饭由子孙分食，“吃袭衣饭”。

停尸、报丧：老人气绝后，焚香于灶前、祖堂，给死者沐浴、剃头，穿“过老”衣，后移于堂屋，陈列菜饭祭奠，谓“移尸羹饭”。堂屋里悬孝幔，设祭桌，供糕点，点“脚后灯”，同时将死者睡过的席褥连同新买来的草鞋焚于三岔路口，叫“烧荐包”。后即派人倒掖雨伞向亲戚报“讣音”，亲戚闻耗，以哭相报或砸瓦片，并备“重被”、白烛、祭品去灵堂吊唁。晚上由亲人守灵，请和尚、道士念经，为死者“超度”。

落殓、出殡：沿海区域，一般择涨潮时分“落殓”。子孙将遗体安放棺中后，即将亲友所送“重被”盖上，再封棺，钉棺材。亲人扶棺围哭，本村男女唱《醮杠调》，择好时辰出殡。出殡时，子穿孝服，戴上梁冠，腰系草绳，手执孝杖，孙子戴二梁冠，四代曾孙戴黄帽，五代重孙戴红帽。出殡时，先行“蘸扛”礼，后以魂幡引路，鸣锣开道，女儿手挥灵牌，孝子扶棺，亲属排辈依次随送。棺木入墓穴叫“进槨”，之后众人回祠堂焚烧灵牌，将其名讳排行记入柯堂神位，设祭“上堂”。从人死之日起，每七天祭奠一次，叫“做七”。第五个“七”一般由婿家设祭。满七个“七”时，亲人就将居丧用的麻带等物烧毁。至一百天时再祭，俗称“百日”。满一年做“周年葵饭”。旧俗三年“满孝”。

潮魂：渔、船民因遭海难亡故而找不到尸首者，其家人便扎个稻草人，请道士为之打醮、超度。家人在海边搭醮台，上供香火，中间坐着稻草人，草人身上佩有死者生辰八字的纸条，后边放着棺材。海滩处摆两张竹席，上摆祭品。到夜间潮水上涨时，点燃稻草堆，道士齐奏钟磬铙钹，披麻戴孝的家人提一盏灯，嘴里高喊“××（死者的名字），海里冷，屋里来呀！”一些亲属便接着答应“来哆！”一直喊到潮水涨平，道士铃声越来越紧，最后突然一下重锤，就表明死者的魂已招进稻草人体中，“潮魂”才告结束。第二天，把稻草人放进棺木，抬上山再行葬礼。

### 7. 造船习俗

渔民生产、生活都离不开渔船，所以渔民尊称渔船为“木龙”。旧时造船习俗有一套完整的程序。

钉船眼：旧时大小船只，均有一对船眼，黑白两色如太极两仪，炯炯有神。尤其是绿眉毛船眼睛，神气十足。打船时在船眼中藏有金银，表示眼中有财。在石浦东门一带，渔民把船称为“木龙”，造船先由大木师傅破木选样定龙筋，用三牲福礼求保佑；祭后，长元（船主）向大木师傅敬酒，送红纸包钿。新船船壳造成后，要在船头两侧贴“龙头生金角，虎口出银牙”对联，在船尾栏板上挂“风平浪静”或“海不扬波”横幅。大木师傅选用上等木材制作渔船眼睛，不得有丝毫差错。船眼睛根据船只大小制作定型后，到天后宫在妈祖前执珓问卜择定时辰。安装船眼睛有三道程序：一为定彩，二是封眼，三是启眼。渔船眼睛黑白有阴阳协调之意，按金、木、水、火、土五行，用五色彩条扎在船眼的银钉上，每只船眼睛上镶入一枚银圆。请最好的造船师傅，用银钉将船眼睛盯在船头两侧。渔船一钉上眼睛后，立时变得更有灵气，这一过程称作“定彩”。“定彩”之后是“封眼”，用红布或红纸把船眼睛蒙上。择妥吉日，候准潮时，方可进行“启眼”。

木龙赴水酒：在石浦东门一带，即在新的渔船造好，举行祭海神、祭船仪式之后，渔民在自己新入海的渔船上，喝祈求吉祥、平安的喜庆酒。渔民以船为家，因此渔民更加爱船、敬船，将新船入海即“木龙赴水（谐音富庶）”仪式作为自己的盛大节日，即使再贫困，此时也要置办水酒鱼肉，邀来乡亲父老和船上伙计，开怀畅饮一番，以求出海一帆风顺，返港鱼虾满舱。

新船入水：新船下水前，长元（船主）在妈祖神明前点烛、烧香、叩拜，虔诚祈祷“一帆风顺，满载而归，鱼丰人寿”。新船入水，需邀数十身强力壮之人推船下水。新船昂首翘尾，乌油锃亮。待大潮汛位到达高潮时，船老大在船上敲响铜锣，鸣鞭炮推船开始，锣声急促，众青年齐心协力，或用棍撬或用手推，将船体徐徐推入大海。船上红旗飘扬，长元站立船头，把供请过的馒头，分给造船师傅和围观群众。在一片呐喊声中，新船如蛟龙入海，掀起千万朵浪花。船到海中竖起桅杆，桅杆上挂“大将军八面威风”条幅，桅顶挂大红长幅写“天上圣母”四个大字，船舵书有“万军主帅”，船尾书“顺风相送”或“顺风得利”。港中新船威风凛凛，船眼睛光芒四射。

独瞭船装网：独瞭船是爵溪地区海上主要捕鱼船只，而独瞭船的捕鱼工具主要是围网。围网由胎头网、肚网组成，平时不用就拆开晒干贮放。出海捕鱼前，按顺序拼组成整体网具，一般会选在风和日丽的日子。装网时，船老大带领众师傅将42块渔网挑至沙滩，按序编组成套。装网时，儿童不能往网底站，谓鱼要从网底溜走。收拢后置于碗口粗竹扛上，4人抬至船旁，众人扶着跟随。网进船时，用铜锣敲响节奏；当网装入船舱，弟兄高呼：旺！旺！旺！装毕，船老大用猪头、酒、糕点等拜祭海龙王，祈求鱼满舱而归。夕阳西沉，船长元（船主）、网长元（网主）、船老大等邀来亲友登船聚餐（妇女在禁止之列）。餐毕，船老大分给每人两块饼、一个鸡蛋（呈元宝形状）后离船。

### 8. 船饰习俗

充满神秘色彩的象山船饰文化，反映了人类在征服海洋、开发渔业过程中所经历的恐惧、迷惘、徘徊的心情以及奋力拼搏的精神。它是人类向海洋进军的珍贵记录，也是人类挑战大自然的历史印证。

“刳木为舟，剡木为楫”，远在新石器时代，象山就有先民渔猎栖息。史载，唐宋时期出现的渔船形体很小，船无定名，桨橹行舟，两三人作业，没有同一形态与装饰。自明清时代开始，一般船尾和船舷护板上雕有龙虎之首或海泥鳅（通常视为龙外甥）、莲花，船头上则是两只翘首的船角。

旧时渔船上的装饰，其实与先人鱼神（龙）崇拜有关。渔民称渔船为“木龙”。人们认为，海洋为龙王所主宰，虾兵蟹将都听他的调遣。渔民出海怕遇大鲨鱼。大鲨鱼一来，不只是鱼虾被吓跑，捕不到鱼，还担心遭难。于是，把船装饰得像龙一样，以吓跑大鲨鱼。从此，船饰习俗就流传了下来。

象山船饰习俗，主要流传于象山县沿海地区的石浦、爵溪、鹤浦、高塘、东陈、新桥、涂茨、定塘等乡镇街道。

经过漆饰后的渔船，就像一件精美的实物画作。渔民对船首、船尾、船舱和桅杆等各个部位如何用漆、漆的颜色如何搭配等都十分讲究，并逐步形成了一种共同信守的规矩。

船头正中挡浪板上绘有太阳、铁碇、海浪等图案，希望吉阳高照、镇海平波、乘风破浪；有的挡浪板上画上一条鱼，似鱼跳跃，象征着“鲤鱼跳龙门”；船头上有两只高翘的船角，称“龙角”，意为驾龙闯海、一帆风顺、四海平安；船角下方两侧，通常有一对外围白、中间乌黑的眼睛（俗称“船眼”），据说船眼一只关注着天，能知风云变幻，另一只关注着海，能知浪涛变化和海里鱼群动向。

船身在吃水线的位置，为淡黄色或棕黄色，船底到吃水线为“赭色”的水露松，以防止“水蛭（方言读“此”）”蛀船板，并防止贝壳类在船底繁殖；船舷上用红、黑、绿、白等色，绘上抽象鱼类的图案，寓意鱼舱满载、顺风得利，或以莲花和鲤鱼构成吉祥图案，寓意为“年年有余”。

船尾颜色为红蓝或红黄蓝。船尾“U”字边上以红色为主，有警示作用。船的后挡上绘白藕生莲叶及并蒂莲，以荷花、莲蓬、白藕构成的图案，寓意天配良缘、夫妻和睦，也有海鸥、波浪图案，寓意乘风破浪、一帆风顺，或写上“福”“兴”“丰”等大字，以表达满载而归的愿望。

桅杆顶端小圆柱要漆成红色，小圆柱上插小三角旗，以方便掌握风向。小圆柱下方有几十厘米长的四方物与桅杆连接。此物要漆成黄色或淡蓝色，一般忌白色。船上渔民多不喜欢白色，认为白色不吉利。

船旗是渔船上的重要装饰，以三角形彩旗居多，有红底黄字或黄底红字或红白相间。下水后，哨灯旗杆挂上大三角旗或矩形顺风旗，旗上写有船名或“一帆风顺”“满载而归”之词，也有写上船主姓名和船名的。大三角齿状旗边，亦为黄色。

旧时船多不大，有“独户”或“并股”之分。独户者写姓氏旗，以方便群船互相呼应，但如遇姓“施”“史”“范”“潘”“陈”“程”“郑”“秦”等，绝对不能写。因为此类姓氏音谐“翻”“沉”“死”“倒”，为禁忌。一旦写上，有人按旗上姓氏叫出，必遭他人指责。

随着机帆船代替小型木帆船，三角形小旗就不再插在船尾，而是高高地升在主桅杆上，俗称“定风旗”。它可随着风向的变化而转动。如此，其既可作为船饰，又可帮助渔民随时测定和掌握风向及风力。停泊海港的大船上，人们还可以随时见到许多印着各种彩色图案的小方旗或小三角旗。它们吊在铅丝上，成排挂在船头、船尾和中舱的桅杆、信号杆之间，十分壮观。这是为新船下水、丰收归来或传统岁时节令表示庆贺而悬挂的。出海时即卸掉。船的队旗颜色，也有不同。如象山县东门渔队队旗为“天红地白”，石浦渔队为黄色，另外还有“大风旗”“丰收旗”等不同着色方式的旗。

船饰画通常绘在船体比较引人注目的驾驶舱前板上。早期船饰画的内容，有足踏莲花的南海观世音菩萨，有脚踩风火轮的哪吒太子，有八仙过海等神话传说，还有武松、关云长等人物像。我国明清船的图案，则有如下特点：

以鲇鱼和橘组成“年年大吉”，因“鲇”谐音“年”，“橘”谐音“吉”；

以两尾鲇鱼加如意，构成“年年如意”；

将如意变形为水纹、浪花，意为“如鱼得水”；

以儿童在河塘抱一条鲤鱼，意为“连年有余”；

将“丰”字中间一竖画为船桅，其三横改成三条鱼，给人远看为船帆之感，意为“一帆风顺”“连年有余”；

……

近年来，渔区实行改革开放，船饰画也展示出新时代的风采。“科学捕鱼闯龙宫”“勤劳致富建设海上乐园”等一幅幅具有浓郁渔区特色的船饰画，形象地反映出新时期渔家新生活和新一代渔民的新追求。

船饰表现技法独特，线条粗壮、有力，色块强烈、明快、醒目，造型既有抽象，又有写实，构图多为对称、平衡，只求神似，不求细节，充分体现了渔民粗犷、大气、豪爽的性格，表达了大海般的宽广胸怀。

象山船饰文化寓意深刻、内容丰富、形式多样，在海内外船饰文化中堪称独创。2009 年，象山船饰习俗被列入浙江省第三批非物质文化遗产名录。

## 9. 石浦送灶神习俗

一进入农历腊月，石浦家家户户就为过年而忙碌起来。大人小孩一齐动手，先是掸尘，即大扫除，要打扫房间，清洗器具，拆洗被褥，洒扫庭院，收拾得窗明几净、清清爽爽；同时置办年货，包括海鲜、肉类、干果、鸡鸭以及新衣新帽等；接着是打糖和捣年糕，有冻米糖、花生糖、黄豆糖…… 捣年糕则看人口多少，有捣 100 斤米的，也有捣 150 斤米的。到了腊月廿三，要"送灶神"；廿七八，就杀猪宰羊，搭台"谢年"，向上天感谢一年的丰收，祈求来年的好运。

石浦"送灶神"的习俗特色鲜明。往昔，石浦每家每户厨房的灶头上方，均有一个小小的神龛，贴着红绿彩色的灶神像，俗称灶司菩萨，也叫"灶王爷"，还设有香烛台。灶神负责管理各家的灶火，高高在上，严密注视一家人吃好吃坏、"吃干吃稀"，因此，也有人把他看作一家人的保护神。过年过节，有什么好吃的，烧煮好后，第一碗好饭菜，先要供在灶神前，让他尽情享用。

到了腊月廿三，家家户户要"送灶神"。灶神要上天去向玉皇大帝汇报这家的善行恶行和他一年的所见所闻所感，玉皇大帝就据此确定这一家来年的吉凶祸福。因此，人们都准备了"祭灶果"，主要是糕饼、各色糖果等，以祈求灶神在玉帝面前多说好话。送灶神一般在傍晚进行，把灶神揭下烧了，他就随着烟灰升天。有人还特地买了几块麦芽糖，火化升天之际，当家人口中念念有词“见了玉皇，好话老说，坏话别说，若说，便给你粘上”，然后“叭”的一声把麦芽糖封在灶口，堵住他的嘴巴，不让他告黑状。这样一来，连好话也说不出口了，但只要不招灾惹祸就行了。祭灶神后的食物，大人可吃，小孩绝不可入口，吃了会健忘，计数也会出错。

灶神爷，享尽人间烟火，不论张王李赵、千家百姓，都得奉其为“一家之主”，殷勤礼拜。因此有人把他看作玉皇大帝派来的坐探，每到一年终了，便上天述职，难免添油加醋，老百姓怕他又不敢得罪他，只得苦苦哀求“上天言好事，下界降平安”，求他留点情面。

到了除夕夜，各家还要“接灶神”。怀着惴惴不安的心情，把灶神再接回来。他来回无非七八天时间，天上人间的路程也不算太远。如此循环往复，年复一年。

**10. 石浦“冬至”习俗**

“立冬”表示已进入冬季，而冬至则是表示冬天真正到了，“十月小阳春”已经结束，所以冬至也称“冬节”。

冬至日早上石浦人家家户户要吃甜“汤果”，即小小的糯米圆子，吃过汤果，人就长了一岁，因此民间有“冬至大如年”的说法，也有人称之为“亚岁”。当地居民很重视，互相庆贺，犹如新年，有“肥冬瘦年”之说。古人认为过了冬至，阳气回升，是个吉日，值得庆祝一番。《武林旧事》就记述了南宋首都临安（杭州）的冬至节活动，在这一天，“妇人小儿，服饰华炫，往来如云”，可见当时庆祝活动之盛。

石浦人在冬至日要做“冬至羹饭”，烹煮鱼肉蔬菜，先祭祀祖先，然后宴请亲友。宴席上必有一碗带鱼，或红烧，或油煎，因为冬至前后的带鱼，条条银光闪闪、浑身丰腴、肉质细嫩、骨刺很软、滋味鲜美，吃起来油蜜蜜，带甜头，营养最丰富。当地习俗，带鱼中间段由大家分食，而鱼头鱼尾须留下放好，取其“吃剩有余”之意。

石浦人还有句顺口溜：“要吃三十夜，要戏十四夜，要困冬至夜。”三十夜，吃年夜饭，小菜丰盛，有十大碗，全家人团圆围坐，尽情吃喝，共享温馨的天伦之乐。十四夜，是元宵节，男女老少，成群结队地外出，逛街巷，上庙堂，彩灯绚丽，火树银花，喜气洋洋。唯有冬至这天，太阳几乎直射南回归线，北半球白天最短、黑夜最长、因此说要睡冬至觉。冬至以后，太阳从南回归线渐渐向北回归线移动，白昼渐长、黑夜渐短，阳气也随之上升。但由于太阳照射至地面的热量，敌不过北方滚滚而来的寒流，所以气温仍持续下降。从冬至这一天算起到惊蛰后六天，共九九八十一天，这一段日子，民间叫“数九寒天”，各地编成“九九歌”记述气候的变化：“一九二九不出手，三九四九冰上走，五九和六九，河边看杨柳，七九河开，八九雁来，九九加一九，耕牛遍地走。”

### 11. 定塘二月二习俗

定塘二月二习俗主要流行于定塘镇，影响遍及象山全境及周边县市区。

定塘镇属平原乡镇，全县最大的平原水库大塘河水库贯穿全镇，区内地势平坦、土壤肥沃、气候湿润、江河纵横，拥有耕地3.13万亩，是有名的农业乡镇。在定塘镇内，田洋湖村二月二习俗最为典型。

农谚有云：“二月二，龙抬头，大家小户使耕牛。”农历二月初二，传说是“龙抬头”的日子，为我国农村的一个传统节日。此时，阳气回升，大地解冻，我国多地开始进入雨季，春耕将始，正是运粪备耕之际。但古人认为这是龙的功劳，龙不仅是祥瑞之物，更主宰呼风唤雨，因此便有了“二月二，龙抬头”之说。

定塘镇是象山少有的平原地区，纵横交错的水系催生了发达的农业生产。自清嘉庆六年（1801年）十八先贤在定塘镇大塘港围海造田，将沧海滩涂变成桑田绿洲后，便奠定了定塘镇农业强镇的地位。作为春季首个重要节日，定塘百姓十分重视二月二习俗，通过舞龙祈福，祈盼当年风调雨顺、五谷丰登。同时农历二月天气回暖，百花盛开，民间传说二月二是“百花娘子”的生日，因此二月二又称“花朝节”。人们经历了一季的寒冬，在这一天去野外寻花赏花，结伙煮“天外饭”“炒天外糕”等，食之可以聪明乖巧。

一直以来，定塘二月二习俗的各项活动都是村民自发的。自 2010 年起，定塘镇田洋湖村有组织地举办大规模主题活动，并得到定塘镇人民政府的大力支持。目前，该活动已成为当地享有盛名的品牌节庆，年参与人数在 2 万以上。

### 12. 石浦三月三习俗

“三月三，踏沙滩”是象山石浦镇的一种民俗，体现了群众性、参与性、游乐性的特色，并以规模大，活动项目多，内容丰富，社会效益明显，成为借民俗文化活动丰富群众文化生活，打造海洋观光旅游的新亮点。

关于它的由来，有几种说法。

有一种说法跟南宋大臣陆秀夫有关。传说南宋末年，石浦沙滩附近有一美丽善良的渔家姑娘，以拾辣螺为生，人们称她为“辣螺姑娘”。一天，“辣螺姑娘”在沙滩拾螺时发现一外地受伤男子，遂将他救起，并带回家中悉心照料。那男子就是南宋大臣陆秀夫。在疗伤期间，陆秀夫和“辣螺姑娘”渐渐地互生爱慕之心。伤愈后，由于陆秀夫国事在身，匆匆告别，临行之前许诺功成之后娶“辣螺姑娘”为妻。不幸的是，陆秀夫走后，“辣螺姑娘”被当地渔霸看中，欲强迫成亲。娶亲当日，“辣螺姑娘”以死相拼，投海身亡，这一日恰为农历三月初三。以身殉情的“辣螺姑娘”冤魂不散，每年此日都会爬上沙滩，翘首北望，等候情人归来践约。后来，善良的村民每年三月初三会赶到沙滩，纪念这个忠贞不渝的姑娘，最后渐渐衍变成民间传统活动。

也有人称“三月三，踏沙滩”的由来与生产劳动有关。象山的历史上本无“三月三，踏沙滩”的民间文化活动，有的只是红红火火的生产劳动。沿海一带历来广泛流传着这样两句俗语：“三月三，辣螺爬沙滩”“三月三，螺子螺孙爬上滩”。在三月初三前后，地温、水温开始升高，真可谓“浅海辣螺先知暖”，到了这时节，辣螺们便不顾死活地爬上滩头，人们便在这个季节相继去沙滩拾掇。

也有当地百姓说，踏过三月三的浪，一年里会手脚轻健，不长疮疖。“三月三，踏沙滩”的民俗也随之形成。

如今，当地老人仍耐不住在这个日子带着晚辈赶沙滩，重温昔日拾螺的场面。“三月三，踏沙滩”的劳动场景，也逐渐形成一个独具地方特色的民俗文化活动。

2009年，“三月三，踏沙滩”被列为浙江省第三批非物质文化遗产名录。

## （二）民俗节事

海洋民俗节庆是指沿海地区的标志性事件，即依托沿海社区特有的风俗民情、历史文化等资源，加以整合包装，在相对固定的时间、地点，重复举办的涉海文化活动。在节日中，沿海人民把涉海民俗文化表现得淋漓尽致，把各种民俗娱乐活动推上高潮，参观者从这里不仅能学到知识，了解各地的风土人情，还能化“静”为“动”，亲自参与到民俗节庆活动中，去体验和感受节日期间人们的奔放、狂欢的气氛，做一回“当地人”。

### 1. 象山祭海

“象山祭海”是象山渔区群众在长期生产、生活中自然形成的一种精神寄托和精神愉悦的祭祀活动，主要以祭神娱神、拜海为内容，以崇祀、演戏活动为载体，是一种含有历史、宗教、民俗等诸多文化内容的传统民间祭祀文化活动，是宁波地区的非物质文化遗产的瑰宝之一。根据《象山东门岛志》记载，象山祭海活动距今约有一千多年历史。

“象山祭海”是象山渔民传统民间海事活动和海事生活积累的心理产物。过去由于工具（包括运载、生产、通信等）的落后，也由于人们主观和客观认识的局限，渔民们认为多变的自然现象是由上天和神灵控制的，尤其是海边生活和海上作业的不稳定性（俗话说，渔民出海是“一只脚踏在棺材里，一只脚踏在棺材外”），导致船上渔民经常处于危险之中，岸上亲人也因此经常处于惊骇之中。所以，他们把每次海难都认为是鬼怪所迫，对神的敬仰和对鬼的畏惧成为渔民心理定式，乞求神灵保佑成为他们唯一的心理安慰和精神寄托。于是就有了“拜船龙”“出洋节”“谢洋节”“祭小海”“太平节”等民间祭祀活动。雍正年间（1722—1735 年）至民国期间（1912—1949 年）是鼎盛时期，后来逐渐衰弱。改革开放后部分地方又开始盛行，象山东门岛渔村尤为兴盛。

祭海仪式作为象山渔民向大海表达敬畏、祈求丰收之情的古老典礼，千百年来一脉相传。今天，祭海典礼已成为一项极具渔文化特色与魅力的仪式，它既传承了传统文化，又赋予了保护海洋的理念，深受当地群众和县内外朋友的喜爱。

### 2. 象山开洋、谢洋节

开洋、谢洋节，是象山渔民在独特的自然环境和历史文化背景中，在长期耕海牧渔生产、生活中形成的，一种独具特色的传统民俗活动。它还包括渔民祭祀活动和传统民间文艺表演等内容。开洋节是渔船出海时，渔民祈求平安、丰收的民俗活动。谢洋节则是渔船出海平安归来，渔民感恩大海的民俗活动。

开洋、谢洋节作为渔民的一种精神寄托，主要由娱神、娱人两大内容组成。它们都以祭祀为核心，以民间文艺表演为主轴，含有历史、宗教、生产、民俗等诸多文化内容。

历史上，象山开洋、谢洋节活动主要流传在象山县沿海地区各乡镇渔村。旧时以东门、爵溪为最，其次则在铜钱礁、沙塘湾、檀头山乡，辐射舟山、台州、温州等地，并远及辽宁、山东、江苏、福建、广东、台湾、香港、澳门等地。如今，象山渔民开洋、谢洋节以石浦东门岛为中心，分布于县内沿海各乡镇。

旧时，每年黄鱼汛开始，约农历三月十五日至三月廿三，每天涨潮时分，渔民会到妈祖娘娘等庙宇举行开洋祭祀仪式，希望财源随潮滚滚而来。主祭人须在前一天剃好头，晚上要用糖水净身，第二天穿上干净衣服，带上供品去庙里祭祀。供品皆陈列有序：殿前天井东西两侧各置八仙桌一张，分别供猪、羊各一，以敬天地神祇；大殿中堂放八仙桌两张，陈列肉、鱼、蛋、面和豆腐五大盘，盘头供品放在红漆桶盘中，五果、点心可放小盘。吉时一到，红烛高烧，主祭船主上香、献爵、跪拜、虔诚祝祷，完毕，退后站立。船上众伙计（船员）依次跪拜。礼仪结束，请菩萨上船，由船主手捧红漆大桶盘，将神像（有木雕或泥塑神像）放置其上。也有的在神明前求得令箭（三角小旗）一支，以代神像，插在四角香袋上，两旁列立千里眼、顺风耳神，香烛悉备。出庙时，代舵（大副）撑黑布伞护顶，三肩（舱面负责人）提灯笼前导，众船员持香随后，恭恭敬敬地把菩萨请上渔船，放在船圣堂神龛内，顶礼而退。引路灯笼挂在船头，以驱邪保平安。完毕后，由当地和外请的鱼灯、马灯、船鼓、抬阁、车灯和滑稽表演等民间文艺表演队在主要街道上进行踩街游行表演，午后开始演戏，日夜连台，号称“出洋戏”。开演前，派一小乐队，到村里各庙恭请诸菩萨前来看戏。来请的人，手捧大红桶盘，供清香 3 炷，把代表各庙菩萨的令箭（三角小红旗）插在四角香袋上。庙会期间，村民招亲致友，宾朋盈门，人流如潮。庙里挤得水泄不通，村里一片欢乐祥和。三月廿三趁良辰吉日，顺风顺水，渔船出海。船埠上人头攒动，为扬帆出海的亲人祝福送行。开船号声中，渔船鼓棹扬帆出海。

每年黄鱼汛结束，约农历六月二十至六月廿三，渔船平安归来。这时会举行谢洋活动。活动内容和方法与开洋节差不多，只是少了请神的环节。这些天里，渔村热闹非凡，为感恩大海、感恩神灵，演戏庆丰收、庆平安，号称“谢洋戏”或“还愿戏”。谢洋戏大多数安排在天妃宫或娘娘庙，但也有在城隍庙、渔师庙、关帝庙、土地庙等。

一直以来，渔民开洋、谢洋节在石浦东门岛办得相当红火，并代代相传。为了提升活动品位，东门岛渔民分别在2003年农历六月廿三和2007年农历三月廿三自发组织了“谢洋妈祖赛会”和“妈祖诞辰开洋典礼”。这两大活动是在传统的开洋、谢洋节的基础上创新而成的。活动内容除了传统的祭祀、民间文化艺术表演和演戏外，还新增踩街等节目。开洋时妈祖金身上船后，会沿石浦港绕东门岛巡游一周；谢洋时妈祖神像沿东门沿港路、石浦渔港路巡游。

象山渔民开洋、谢洋节活动，承载着象山渔民许多重要的历史文化信息和原始记忆。大量的原始祭祀礼仪和民族民间文化艺术表演形式，在渔民开洋、谢洋节活动中保留下来，并被民俗专家认为是中国沿海比较有代表性的祭祀遗存。它不仅对活跃渔村文化生活、繁荣渔文化创作起着巨大的推动作用，而且对研究中国沿海地区祭祀历史，有较高的学术价值。2008年6月，象山“开洋、谢洋节”被列入国家级第二批非物质文化遗产名录。

随着社会的急剧变迁和科技的日新月异，渔区的生活和生产经济方式乃至文化意识，发生了巨大变化，象山开洋、谢洋节这一古老的渔区民间民俗文化活动面临着巨大的考验。

### 3. 象山七月半会

“七月半”是象山古老的民间传统节日，爵溪称为“神赛会”，石浦东门称为“太平节”，定塘周岙村称为“鬼节”，涂茨钱仓称为“七月半节”，珠山村称“中之节”。

象山七月半是一次民间艺术大汇串，各地活动精彩纷呈，形式各异，内容丰富。因农历七月，正是渔船停港、鱼鲞进仓、新谷登场之时，渔、农、商劳毕思逸，欲邀亲友欢聚，祈求来年吉祥，就形成了这个隆重而富有神奇色彩的节日。这个节日的活动范围广、项目多、历时长，其盛况首屈一指。这个行会内容包括初十“开印”、十四“扫街”、十五“迎会”、十六“放水灯”、卅日“放忏”等项目，历时 20 天。

七月初十开印为行会序幕。开印的程序十分严谨。遵照传统规定，城隍任期一年，初十为前任任期届满更替之日，新任城隍姓氏由族长抽签决定。抽出的数字在《百家姓》中按页、排、行对号后定出姓氏。如新任城隍与前任同姓，则不必重新抽签。事毕，出榜告民，新城隍上任后即开堂视事。随后，由柱首抽签排定执事名单。执事者分皂白、解差、报马、无常、判官、刽子手等，各司其事。随后，族长就宣布城隍出殿，摇堂开始，两旁排列头牌，列举肃静回避，皂白摇旗呐喊，呈一派威严肃穆气氛。隍印出示，宣布开堂主事，其重要过程即黄纸盖印。病轻者认领轻犯黄纸，在七月十五日行会时投进特设的竹篓即可。重病者认领重犯黄纸，则要在七月十五日行会时做“犯人”，押至北门外校场宫前的广场“斩决”还愿。

七月十四扫街为行会前奏曲。午后，由贴有街名及图案的一对玻璃头牌开道，鼓琴（亭）队随后，锣鼓声中，一条长龙欢腾翻滚而来。扫街长龙从城隍庙出行，沿三官堂、人乾街、九陌街、南门街、十字街、东门街、后营街、南门街、十字街、东门街、斗戛街、头北街等十多条街巷后回城隍庙。这样要直“扫”三次方休。是日夜，十字街亭灯火彻夜通明，古戏台上琴声悠悠，锣鼓喧天，戏剧节目以上演《龙凤呈祥》《珠联璧合》等传统戏曲节目为主。此时，台上演员们演唱得婉转动听，台下村民们看得如痴如醉。这台戏要从日落山头起开演，直至次日东方露白方可结束，曰“两头红”。

七月十五的行会是赛神会的重头戏。该日行会人数达千人以上，如遇“大会”（如1927年，即民国十六年），参加行会的人则不下三千，行会的队伍首尾贯穿数条街道。行会的队伍以头戴假面具、手持木杖的“大头鬼”开道，两对装饰考究、古色古香的玻璃头牌紧随其后，接着是双人抬的鼓琴（亭），鼓声锣声此起彼落，丝竹琴声悠扬悦耳，韵律节奏轻快飘逸，抑扬顿挫恰到好处。鼓琴后面接着一条长龙，龙头金角银须，龙身鳞光闪闪，摇头摆尾，活灵活现。两对清道旗徐徐而来，迎风飘展。一对有肃静、回避字样的板头牌使行会的气氛更加庄重肃穆。六个皂白手执板棍，后随旗锣一对（前挂锣后挂旗），“嘭、嘭”的锣声在空中回荡，闻者不禁产生敬畏之感。“报马”随后而来，马上骑着一个古代英雄装束的英俊少年，背着一束公文，胸前扎鲜红色绸带，十分威武潇洒。随之有高轿两顶，前轿持奉隍印，后轿持奉隍棒。一座香亭缓缓而来，亭内香烟缭绕，香气四溢。香亭后面跟着族长老，他身穿白长大衫，鹤发童颜，精神焕发。身后有一个单人座椅跟随，供其行会暂停时休息安坐。一顶巨型的黄罗伞威风凛凛地出现在行会队伍中，两个大汉轮流执举。八面龙旗跟随其后，五彩缤纷，迎风飘扬。两人敲锣并进，接踵而至，开锣喝道，肃静回避。一个马夫牵着一匹神马，后面跟着二三百名“重犯”，穿素衣，披锁链（纸做），戴手枷锁踽踽而行。解差二人，后面有一夫挑着两只“人头桶”，两个手执大刀的刽子手，杀气腾腾，威风凛凛。继而有头牌一对，上写“奉命恤孤”四字，其中“奉命”二字平行横列在头牌上半部，“恤孤”二字竖写在头牌下半部。四个黑体字外围画上“红圈”，显得阴森恐怖。紧接着有身穿着校尉服、红脸黑发、手执“三眼铳”的八将，每当过街时，八将就会往“三眼铳”里加进火药并点燃放铳，震耳欲聋的铳声响彻云霄。

紧随其后的是手提红头笔的判官，一手执手铐、一手提“速拿”牌的大小无常和一副八人抬新城隍座轿。轿后两顶大络伞及一面八尺长、四尺宽巨幅掌扇跟随，显得八面威风。为使行会的队伍有序行进，队伍中安插一个手执三角旗的“压会人”，不时发出“上”或“下”的指令，指挥队伍缓缓而有序地行进。

七月十六夜间要放水灯。当落日的余晖渐渐消失时，沙滩上就聚集了密密麻麻的人群。此时正是海水潮涨到沙滩的前沿，海面上波光粼粼，夜空下月光皎洁，村民们把早就准备好的水灯轻轻地放入海中，水灯随着微微的西南风缓缓地漂向东海，站在沙滩上的村民们面向海洋默默地祈福，超度海上亡魂……

七月三十“放忏”由“盂兰盆会”组织。首先在南门边的“南朝谷”（一座假山）前面树立起纸糊的鬼王、判官、无常三个“巨鬼”。其中，鬼王立在中间，有三厘米高；判官和无常分立在鬼王的左右两旁，有两厘米高。十字街亭前的“虚空棚”内坐着地藏王菩萨，右前方的旗杆上高悬着七星灯和白鹤灯。在东南西北的四条大街两边还要系着两条缀遍冥衣的草绳。下午，法师们到半山庵旁边的玉泉井里取来净水，然后在十字街亭里放焰口。傍晚，在十字街亭的东南西北四条大街巷道口摆满了色彩鲜艳、色香俱全的羹饭桌，桌上的供品“虾兵蟹将”造型各异，颇具匠心。放焰口的法师们，身穿袈裟，敲响法器，巡回于各条街的羹饭桌前，把玉泉井里取来的净水泼在各家的羹饭桌上，祈求除邪避灾。深夜，法师们在十字街戏台上焰口做毕后，南门口的南朝谷边的纸神、纸鬼及街边的草绳就地焚化，历时二十天的会期就此宣告结束。

象山七月半的民间信仰习俗，反映了渔区人民在与大海搏斗中产生的一种美好愿望和对亡灵的哀思，有着丰厚的民族民间文化底蕴，是我国民俗学研究中不可缺少的重要组成部分。

象山七月半于2008年被列为宁波市第二批非物质文化遗产名录，2012年被列入浙江省第四批非物质文化遗产名录。

### 4. 大塘红庙庙会

大塘红庙庙会活动，是象山县历史悠久、规模较大、影响较大的庙会活动。

距今200多年前，大塘是一片汪洋大海，退潮时是一片海涂。嘉庆元年（1801年）由张贤昀、黄衍美、辛茂荣等十八位先贤，围垦大泥塘，使沧海变成桑田、荒涂变成绿洲。为纪念十八先贤的丰功伟绩，清道光五年（1825年），这里建造纪念性传统建筑——镇潮庙，因庙的外墙涂着红色，也称红庙。红庙大殿内供奉着大禹、孔子、关公、岳飞四尊历史圣人像，魁星、刘猛、土地公公、土地婆婆四尊传说中的菩萨，还有十八先贤。他们神态各异，栩栩如生。民间传说，这些神灵能护佑当地村民五谷丰收、鱼虾满仓，故四季香火颇盛。

每年农历五月廿七为大塘红庙庙会。这天，大塘十二个村自发组织浩荡的队伍，集中于红庙，从早上6点钟出发，绕大塘十二个自然村一周，到下午3点左右行回红庙结束。庙会程序有：（1）举行庆典仪式。在庙前道地中央放两张八仙桌子，桌子上摆着猪、羊、鱼、面、点心等八素八荤盘头，由道士念经祭祀。（2）行会巡游。行会队伍组成成员为：清道旗三面大锣开道，“平水大帝、刘猛将军、十八先贤长生位”等神侯塑像，一个道士、四个红黑帽人，各种帅旗、罗伞、全副銮驾、各色彩旗，锣鼓队、腰鼓队、龙灯队、车灯队等演艺队。队伍由庙东进道地向南到礁横、金牛江、白灯、英山、西洋塘、叶口山、宁波站、胜利、小花江、大花江、漕后、中站回庙。一路上五色龙旗招展，号角四鸣，鞭炮隆隆，锣鼓喧天，一路上人山人海，热闹万分。每到一村都进行祭祖，每村都设有祭坛。同时还进行舞龙、车灯、踏高跷、打腰鼓等艺术表演，并请来好戏班子，连续做三天三夜戏文。

庙会为何定在每年的农历五月廿七？传说红庙里四神像之一的刘猛将军，原是在宁波三北村刘猛庙里的，在中华人民共和国成立前的一次庙会中，大塘有几个在三北打工的农民，听说刘猛将军十分灵验，在回家的时候就把刘猛将军塑像偷回大塘放在红庙里，那天正好是农历五月廿七，所以每年的农历五月廿七就成了刘猛将军的诞辰，也被定为庙会的日期。

### 5. 昌国两头会

昌国原称后门山，后称昌国卫，位于石浦镇之北，是明洪武年间浙江东南重要的军事重镇。明朝时期，江浙闽沿海倭寇为患，朱元璋命汤和巡视海上，并决定把位于今定海的昌国卫迁到象山东门岛。后因东门是海岛，不利军事防务，又内迁至陆上后门山，即现在的昌国所在地。

谚曰：“我啦昌国卫，一年两头会。前街咚咚嘭（锣鼓喧天），九井巷弄鬼打墙（万人空巷）。”昌国卫内迁后，逐渐发展成海防重镇，在东南沿海抗倭斗争中发挥了重要作用，许多抗倭将士浴血奋战，壮烈牺牲。自明嘉靖年间起，为表彰捍国卫疆勇士们的业绩，告慰众将士的英灵，昌国卫民众在每年的清明节，举行规模盛大的庙会，为亡灵做道场，同时设物资交流大集市，买卖春耕所需的各种物资。到了十月初一，农业生产的秋收冬种大忙将到，丰收在望，也要举办这样盛大的庙会和集市，买卖秋收冬种所需的各种物品。

每逢清明举行庙会，各家各户清扫户内屋外，迎神接客。谚曰：“大桥头站一站，晚界夜到我家吃夜饭。”行会前几天，四城门贴告示“奉旨恤孤”，告慰亡灵孤魂，前来享受祭奠和超度，同时将城隍老爷从神龛中请下殿来受供、看戏；请黑白无常扫街，清理街上、头顶巡游的障碍物。清明午时开始巡行，行列大致有：彩旗、挑锣、乐队、牌灯开路，龙灯前导；挑千斤担，挑着铁链拖板，横冲直撞，意在让观众靠边让路，行会畅通无阻；一手掠响扩，一手捏壶喝酒，沿街酒店免费沽酒；大头公、大头婆，一路打情骂俏；马灯、鱼灯、百兽灯；各境的台阁比赛，有《白蛇传》《西厢记》《盘丝洞》《红楼梦》《空城计》等；三十六扛箱，新娘啼哭坐花轿；黑无常来回奔跑，白无常慢条斯理；跟在白无常后面有白无常的干儿子，替先人顶罪的、披枷戴锁的“犯人”；文武判官；报马者身背圣旨的黄包袱；城隍老爷坐着八抬大轿，黄罗伞一顶、掌扇两把紧随；文武百官，龙灯殿后。行列中，乐队细十番、铜铳、礼炮、杂耍夹杂其中。

十月醮，即农历十月初一。行会行列与清明同，所敬之神非城隍，乃昌国卫西门大街大庙中供奉唐朝刘晏，卫中左所庙、右所庙亦奉刘晏。刘晏，唐朝南华人（今山东菏泽市东明县），幼年才华横溢，号称神童，名噪京师。刘晏历任吏部尚书、同中书门下平章事、度支使、铸钱使和盐铁使等官职，封彭城县开国伯。唐建中元年（780 年），刘晏遭杨炎的谗言陷害，被敕自尽，享年六十五岁。

### 6. 黄土岭三月三真武大帝庙会

象山的黄土岭“三月三”真武大帝庙会，已有 1000 多年的历史，是集民间性、神话性和愉悦性于一体的民俗活动，现主要盛行在丹西街道珠水溪村一带。

据传，在五代十国时期，后周太祖郭威显德五年（958 年）的三月初三日，东海刮起了大台风，引发了海啸。风浪稍平以后，靠近珠水溪海边的滩涂上有一尊木雕的真武大帝像，被珠水溪村民打捞上来。不久，福建人寻至珠水溪村，欲将因台风而丢失的真武大帝雕像抬回福建。六位壮汉抬着“真武大帝”才走到该村的黄土岭，就累得寸步难行。于是，村民认为“真武大帝”和珠水溪村有缘，专门建了庙宇，让“真武大帝”在村口的黄土岭安了家。后来珠水溪人建造了一座普福庵，将“真武大帝”神像供奉其中，受到历代百姓的崇拜。

每年的三月初一至初三，是珠水溪村最热闹的日子。这三天内，该村家家户户开门迎客，大摆酒宴邀请亲戚朋友来家中相聚，俗称“亲友节”。在此期间，百姓们早早地将许多供祭食品供奉在“真武大帝”像前，同时还会请和尚做道场。庙内香烛通明，台州、宁海、奉化和本县的善男信女，都来顶礼膜拜。仪式完毕就会请剧团来庙里演社戏，包括舞龙灯、耍杂技、放鞭炮，人潮拥挤、规模盛大。

庙会时间少则三天三夜，最多则持续十天十夜，以表达百姓对“真武大帝”的信仰和敬畏。

**7. 石浦六月六庙会**

石浦“六月六”又称天贶节，抬城隍、迎戚爷、娱生活，是当地群众追念戚继光丰功伟绩的纪念祈福活动。

每到农历六月，鱼汛告一段落，石浦出海捕鱼的船只陆续回港，赋闲的人们为了祈求风调雨顺、国泰民安、鱼米满仓，要举办一年一度的“六月六庙会”。

据史料记载，石浦六月六庙会始于清同治年间，祈福对象为戚老爷（戚继光），以纪念他保家卫国的丰功伟绩。旧时石浦“六月六”庙会由石浦东（号房）、南（关帝庙）、西（真武宫）、北（三圣庙）四境会合办理，一境当首，三境协办。时间从农历五月三十开始，当值柱头要给庙里神龛中的戚老爷换上新袍新帽新皂靴，然后请下殿来，进行一番供奉，并看戏，称为“落地”。晚上庙戏开演，连演十天，一直到初十结束。

六月初一抬着戚老爷扫过街，即净街。“戚爷何事太辛劳，亲向街头扫一遭，赢得一朝好口福，家家美酒与羊羔。”这首诗就反映了庙会前戚爷扫街净街的情景。到了初六午后，大型行会活动开始了。六月六庙会当天，宋皇宫举行戚老爷起身出游大型行会活动。十里八乡各村落组织的民间表演队伍在延昌宋皇宫等待戚爷坐像起身出行。庙会由六月六匾牌和长、矮菩萨开道，仪仗队护送着戚继光神像神驾出巡，龙灯队、马灯队、船鼓队、鱼灯队、兵器队、十二生肖队、抬阁等二十多支民间表演队伍跟随其后，一路笙乐悠扬、锣鼓震天、鞭炮齐鸣，沿着数里渔港环港巡游，数以百计的信众紧随队伍巡游。巡游队伍行至海峡广场时由信众手拿佛香分给市民们进行互动，并带着他们一起至海峡广场参加大型祭祀典礼，之后各表演队伍在广场上轮番表演。结束后广大市民、信众和民间表演队伍跟随着戚继光神像绕老街巡游一周。

庙会不仅丰富了人们的文化生活，还促进了城乡物资的交流，极大地推动了石浦地区经济和社会文化的繁荣发展。

### 8. 姜毛庙庙会

姜毛庙，俗称姜殿庙，位于丹城镇十字街西南，是县城内唯一幸存的具有清代早期风格的古庙。

姜毛庙建筑结构严谨、外表美观、坚固耐久，具有独特的象山地方风格。姜毛庙坐西朝东，前后三进，包括座楼、戏台、南北厢楼、大殿和后殿，为穿斗式与抬梁式相结合的砖木结构建筑。据清代雍正《象山县志》载：“南市中二神，姜姓、毛姓，古传为唐进士，弃官隐此，施药济人，卒而有灵，乃立庙祀焉。”至明嘉靖二十八年（1549 年）扩修，粗具规模。清嘉庆十八年（1813 年）大修，殿宇恢宏。现存大殿即是在此期间重修的。清同治五年（1866 年）前部遭火焚，后重建到座楼、两厢楼及戏台。民国九年（1920 年）建后殿。20 世纪 40 年代一度辟为戏院，后作镇公所和小学。

姜毛庙历来是丹城民间常年举办社戏活动的场所。

每年正月初八，要在姜毛庙开演“灯头戏”，必演五天五夜。紧接着十三夜“上灯”，挂灯结彩闹元宵的活动就此开始。

农历三月十一至二十七日这半个月，为姜、毛二公祭祀纪念之期，类似社戏庙会之类的活动。十一日夜为“陪生”期。十二日早晨，把姜、毛神位抬到南门行宫“落座”看戏。到了二十七日，姜毛庙会举行盛大的行灯迎神赛会，市民倾巢而出，灯会队伍浩浩荡荡，非常热闹。清乾隆年间象山人倪象占（丹城人）有一首专门描写姜毛庙灯会盛况的诗：“通衢喜见踏跷人，三月城中社鼓闻。莫道火龙明照海，双灯放遇万将军。”

1994 年 9 月，姜毛庙被列为象山县文物保护点并进行系统修缮。新建了前楼和两厢楼，修缮大殿、后殿，重建古戏台及姜毛两公纪念神像，附建活动室。至此，姜毛庙焕然一新，成为象山县集纪念、欣赏、文化娱乐于一体的民间活动中心。

**9. 中国（象山）开渔节**

中国（象山）开渔节是以感恩海洋、保护海洋为主题，渔文化为主线的海洋民俗文化类节庆，它以浓厚的渔文化为底蕴，在承袭传统习俗的基础上，通过节庆活动推进当地社会经济的发展，引导广大渔民热爱海洋、感恩海洋、合理开发利用海洋。

中国（象山）开渔节是因国家东海渔区伏季休渔而设的。每年 6—9 月，东海三个多月休渔期结束，石浦港千艘钢质渔轮齐发，赴东海开捕，开渔节应运而生。1998 年 9 月 14 日第一届开渔节开幕，在石浦老水产城举办。1999 年 9 月 14 日首次加入“祭海仪式”，至今，已连续举办二十二届。

每年的开渔节，人们用传统习俗来向大海致敬。祭海仪式、渔区民俗文化展演、妈祖巡安仪式等丰富多彩的民俗文化活动表达人们对海洋的敬畏和感谢。锣鼓齐鸣、千帆竞发的开渔盛况吸引了来自全国各地的数十万游客。欢乐渔港戏曲展演、民俗文化展演、乡村歌曲大家唱等各种群众活动，让百姓共享文化盛宴。二十二年来，开渔节举办了全国渔歌号子大赛、渔家服饰比赛、渔文化摄影大赛等活动，有力推动了象山本地的许多渔区节目走上了表演舞台，走向了全国。舞蹈《辣螺姑娘》登上了上海艺术节的开幕式；大型广场舞蹈《辣螺灯》列入 2003 年上海国际艺术节展演节目；以渔家船鼓为基础改进的《海达渔鼓》在 2006 年浙江省群星奖广场舞蹈比赛中获得创作、表演双金奖，2007 年获得全国群星奖；舞蹈《挂灯》《灯光明灯儿亮》，先后获得全国群星奖舞蹈银奖；象山渔鼓、采茶舞、渔歌号子等还集体“打包”走出国门，代表中国参加土耳其伊兹密尔国际文化节和第四届国际 CUBUK 文化艺术节，获得了极高的赞誉。此外还有一批渔文化竹根雕艺术馆、剪纸艺术馆、船模制作中心和渔灯制作中心、渔文化工艺品展销中心相继成立。

目前，开渔节已经成为宁波市三大主要节庆之一，并跻身国家旅游局十大民俗节庆活动行列。2005 年荣膺“IFEA 中国最具影响力节庆活动百强”“中国节庆 50 强”称号，2006 年荣膺“中国十大最具潜力节庆”“中国十大自然生态类节庆”称号，2007 年荣膺“中国十大品牌节庆”“宁波市十佳节庆”称号，在 2008 年度首届节庆中华奖评选中获“最佳节庆组织奖”。同时，在 2007 年人民网举办的最受欢迎节庆排行榜上名列首位，入围 2008 年人民网举办的“改革开放 30 周年 30 强节庆”，2009 年获第二届节庆中华奖“最佳文化传承奖”，2010 年获节庆学院奖（天女奖）。中国（象山）开渔节已经成为一个在国内有较大影响力且具有浓厚渔文化底蕴的一个海洋文化和海洋旅游节庆活动，也是象山县对外宣传和展示形象的一个平台。2018 年 8 月，中国（象山）开渔节首次纳入中国农民丰收节系列活动，真正成为一项全国性地方特色节庆活动。

通过开渔节这一载体，象山不仅让散落在渔区、海岛、渔民生活中的踩街、对歌、抬阁、挂鱼灯、舞龙灯、跑马灯等一系列古老的民间活动重新焕发出了新鲜而持久的活力，而且在推动渔文化保护、研究、创作、交流、产业化等方面发挥了积极的作用。同时，象山人还将渔文化注入海鲜餐饮文化中，挖掘开发了"一菜一咏一故事"的象山民间"海鲜十六碗"，使象山海鲜红遍长三角乃至全国各大城市。

## 五 传统艺术

海洋传统艺术是通过塑造具体生动的形象来表现海洋、反映海洋社会生活的意识形态。它最大的特点就是依靠色、声、形、情等静态和动态的形象来表现人们对海洋社会生活的理解、情感、愿望和意志，按照审美的规则来把握和再现生动的海洋社会生活，并用美的感染力具体地影响海洋社会生活。海洋艺术具体包括海洋雕塑、涉海书法、绘画、装饰、海滨海上旅游鉴赏等艺术形式的海洋人文景观，以及涉海音乐、舞蹈、美术、戏曲等海洋民间艺术景观。

### （一）传统音乐

象山民间传统音乐是沿海与海岛居民利用口头传唱与器乐演奏来表达自己思想、感情、意志与愿望的一种民间艺术形式。

#### 1. 象山渔民号子

象山渔民号子，由传统渔业生产上的渔民号子和海洋运输业中船工号子等组成，统称渔民号子。它是渔民、船工在长期的生产、劳动实践中自发创造的一种文化现象。它有着与众不同的独特风格和强烈的海洋生活气息，充满着渔民（船工）的乐观主义精神和雄壮、豪迈、朴实、奔放的个性，向人们提供了了解和熟悉象山渔民豪爽、粗犷、开朗的性格的载体。

象山三面环海，境内海岸线曲折，港湾众多，更有著名的大目、猫头、渔山三大渔场。清中叶至民国直至中华人民共和国成立初期，江、沪、浙、闽等东南沿海各省数以万计渔民聚集三个渔场围捕大黄鱼、带鱼等经济鱼类，大部分渔船都在县内的石浦、爵溪等地停泊，加工鱼货及生活补给，为此，石浦（东门）、爵溪就成了象山渔民号子的主要发源地和传承地。

象山渔民号子在唐宋时期已经初步形成，清康熙年间至民国期间达到繁荣程度。20 世纪 60 年代中期，由于手工化捕鱼作业逐渐被机械化作业所替代，繁重的劳动逐渐变得轻松，渔民号子的生存空间不断萎缩，渐渐消失。

目前，根据搜集到的号子，按劳动作业环境特点归纳为岸上号子和海上号子两大类，共 26 种。岸上号子有“拖木头号子”“抬木头号子”“牵钻号子”“牵锯号子”“敲对钉号子”“斩对斧号子”“抬船号子”“拔船号子”“拔舢板号子”“打大缉号子”“纺缆号子”“抬网号子”“夯箍号子”“敲草号子”“汰（洗）网号子”“起舱号子”。海上号子有“拔篷号子”“起锚号子”“拔碇号子”“摇橹号子”“打水号子”“吊舢板号子”“打桩号子”“抛碇号子”“扛鱼号子”“撑船号子”。

象山渔民号子的音乐结构单纯，多以领句与和句构成一个乐句，然后通过展衍而成完整号子。在没有领唱的号子中，也同样表现出“展衍”这种特性。它的旋律对比明显，领唱与合唱形成音响厚薄上的强烈反差，音高对比十分明显，节奏处理上善用紧缩与拉宽的对比，以及旋律主体与加花体等多种对比手法的运用，使号子音乐跌宕起伏、变化万千。单乐段的乐曲结构与旋律的对比手段相结合，充分体现了艺术统一、对比的原则。渔民号子的旋律大都浑厚有力、节奏强烈，粗犷、豪迈、激昂雄壮；也有轻松明快、委婉动听的号子。所以号子的音调更有旋律性，有些还掺杂了小调的音调节奏因素。象山渔民号子的表演形式以一人领、众人和的集体演唱为主，经常一号多用，随机应变，喊号时实词精练、衬词丰富，有时随口编词、自由发挥，表现出了渔民号子的灵活性。

象山渔民号子作为象山海洋特色的民间艺术形式，在象山县海洋文化大县建设的进程中，已列入了抢救、保护的行列，并通过各种手段，取得了实质性的成果。2006 年，象山县组织的渔民号子队获全国号子邀请赛一等奖。

2009 年，象山渔民号子被列为浙江省非物质文化遗产名录。2011 年象山渔民号子被列为国家级非物质文化遗产扩展项目名录。

### 2. 象山龙灯锣鼓

象山龙灯锣鼓起源于明嘉靖末期（约 1566 年），主要分布于象山县境东北部的贤庠镇、涂茨镇、黄避岙乡和南部的石浦镇、东陈乡、鹤浦镇、晓塘乡、定塘镇一带。象山南北两地的龙灯锣鼓，技艺上互通交融，别具一格。

很多地方的龙灯锣鼓以“三五七”任意组合为基础的锣鼓贯穿始终，不管动作如何变化，锣鼓点不能间断，只是速度按舞动实际情况有所不同。象山龙灯锣鼓则以打击乐器为主，各种乐器配备的多少，视舞龙需要而定。一般而言，象山龙灯锣鼓的乐器有包鼓，笃鼓，大鼓，小鼓（低音、中音或高音鼓）各一只；大锣、小锣、中音锣各一面；大钹、闹钹各一副；号头角两支（也有一支）。器具有鼓亭一副、背锣弓一个。龙灯锣鼓是龙舞的支架，支架一倒，舞就乱套，所以演奏者的技巧十分重要。锣鼓音乐协调，则舞龙如虎添翼，事半功倍。象山龙灯锣鼓还同时以号头角（也称号头尖，一种传统号角）的声音为主旋律，烘托舞龙气氛。

象山龙灯锣鼓演奏时齐奏多，分奏和领奏少，多是站着演奏和边走边奏交替进行。演奏时，锣鼓比较灵活，可根据龙舞动作的快慢、时间长短，选择或多或少的锣鼓谱。并且，演奏时不使用固定的锣鼓谱从头至尾地演用。象山龙灯锣鼓节奏明快、奔放，声音短促、有力，每个音像刀切一样，因此龙也随之滚得快，像闪电，活灵活现，使龙灯滚得“乐力”（很有活力）。

象山龙灯锣鼓以长号作为龙灯出场的第一步，并以乐声“号嘟——号嘟——”表示黄龙出宫，气贯长虹。开场前或舞龙队在村中行走时，长号则吹“龙灯来了——龙灯来了——”的调子，吸引村民前来观看。

龙灯锣鼓的锣鼓谱有“二五七”“三五七”“三五八”“三六九”“地地包”“铁盔”“快板”“正板”“行板”“慢板”“冷板”“宽心锣”“笃笃对”“万花锣鼓”“梅花锣鼓”“粗十番”“三番”等。三番锣鼓又改用大锣为中音锣，大钹改为闹钹，取消号头角，而由“紧急风（急急风）”“冲头”“马腿”“宽心锣”“滚头子”“长治”等锣鼓经组成。号角的音作为主旋律，大锣和大钹作为龙灯的主要打击乐。大锣为右手击锣、左手刹音，交替进行，发音短促而低沉有力。

由于热爱象山龙灯锣鼓这一艺术形式的老艺人相继去世，年轻人又多外出，如今传承人很少，再加上现有龙舞表演次数少、练习少，演奏技艺也一代比一代差，尤其是号角技艺，加之曲牌漏记，少数村在没有办法的情况下，自编锣鼓。因此象山锣鼓濒临失传，应设法尽力抢救。

2010 年，象山龙灯锣鼓被列入宁波市第三批非物质文化遗产名录。

### 3. 细十番

石浦细十番是一种旋律和锣鼓交替应用，打击乐器和丝竹乐器竞相交织的器乐演奏形式。

据传，细十番最早由闽籍来石浦渔港锚泊的渔民传入，可考证的时间在 1900 年左右，距今有一百多年历史。当时，福建海洋渔船被称为“红头船”，成群来石浦港停靠、避风、补给。当时，海上渔民就住在石浦延昌潼关建的会馆里，用自带的乐器演奏细十番。1920 年前后，石浦延昌人王尚生，喜好音乐，觉得细十番十分动听，便带领数名同乡，亲赴福建泉州惠安学习，带回相关工尺谱、曲目及正宗演奏方法，并在石浦延昌一带组成了石浦首支民间乐队。

细十番传入石浦后，民间建起了多支乐队，如延昌队、石浦队、盐厂队、鹤浦队、高塘队、昌国队、金星队等，每支乐队 6 至 10 人不等，多以中老年人为主。平日他们都从事不同的工作，但在约定时间或节庆活动期间，便自发聚集在一起自娱自乐或排演。石浦、延昌的民间艺人，坚持演奏细十番 50 余年，并传给了下一代。

石浦细十番演奏动听，特色鲜明，深受广大群众喜爱。演奏形式分为行姿和坐姿两种。行姿为一人背三只鼓及四面锣，一人随后打击，多用于民间喜庆场面，如庙会、踩街、接新娘和送洞房等。参加文艺晚会等舞台演出，则以坐姿为主，采用落地十面云锣架及落地大鼓架，以求美观。

石浦细十番乐队曾于 1957 年春节代表象山县赴舟山地区参加民间文艺调演，获二等奖；同年参加“浙江省第二届民间文艺调演”，获三等奖。1992 年 9 月，以石浦细十番为题材改编的器乐曲《渔港奏潮》，获宁波市第二届音舞节器乐表演一等奖。2000 年 10 月，该曲目又赴宁波中心广场参加国际服装节“海洋风文艺晚会”演出，并在此前后参加了 1998—2001 年中国开渔节祭海典礼演奏。1997 年至今，参加历届“三月三，踏沙滩”戏曲角舞台演奏。

虽然石浦细十番在象山广为流传，但目前参加细十番乐队的多以老年人为主，年轻人参与积极性不高。这一现象引起当地文化部门的重视，通过吸收年轻演奏人员参加各类重要演出的方式来传承该传统艺术，取得了明显的效果。

### 4. 爵溪渔鼓

爵溪渔鼓主要流传于象山爵溪街道一带，已有300多年历史。

爵溪是一座闻名遐迩的渔村，当地留下了许多渔乡传统文化的印记。为祈求出海平安、鱼虾丰收，锣鼓（当地人称“渔鼓”）和戏曲表演在爵溪民间十分盛行，其中尤以新年和洋山（小黄鱼汛季）最盛。当年，爵溪有独捞船100多只，每只船上都有一套铜锣响器，游网、出海时，各船都要敲锣打鼓。爵溪渔鼓就在这样独特的环境下产生。

爵溪地处象山半岛东隅，历史上曾是道家向往之地。古老寺院文化和庙会文化，成为爵溪渔鼓传承的又一个推动力。中华人民共和国成立前，爵溪城内外道观和寺庙林立，并都有自己的一套打击乐、弹拨乐和演奏曲目。每逢正月初九大瀛海道庙会、正月十三至十八元宵闹灯会七月半“鬼节”（摆祭礼、司焰口、放水灯、打沙船）、八月初三赵五娘庙会等节日，寺庙道观都要游行吹打，热闹非凡。渔民们以这些民俗活动祈祷风调雨顺，出海平安，满载而归，同时祭祀亡灵，镇邪除恶。中华人民共和国成立后，由于种种原因，大部分庙宇被拆，民俗活动逐渐衰落，但传统的爵溪锣鼓在民间仍然保持着旺盛的势头。

爵溪街道文化站对爵溪锣鼓这一民间文艺奇葩十分重视，组织了专业和业余音乐工作者对其曲调和演奏技巧进行了较为全面的调整、修改和提高。2004年5月，爵溪街道文化站又重新组织了50多名渔村男女青年进行演奏，并将其正式更名为“爵溪渔鼓”。爵溪渔鼓曾在象山县第七、八、九届开渔节开船仪式和闭幕式、影视城开机仪式以及其他大型活动中演出，并大受好评。

爵溪渔鼓从“船头锣鼓”到“码头细十番”，再到融入儒道吹打音乐和古代军旅鼓乐等文化根脉，最终传承、发展成为今天令人耳目一新的渔鼓。爵溪渔鼓打破了传统渔鼓以打击乐器合奏为主的艺术表演形式，改为以舞蹈表演为主，还增添了不少浙东渔区独特的音乐元素，如“敲梆谣”“细十番”“渔家号子”等。鼓舞乐相结合，让表演技巧更加成熟、“渔”味更浓。

爵溪渔鼓包含了当地民间艺术百年形态，表现了渔家汉子大海般的胸怀与海洋劳作的大无畏精神，成为一个独特的乡土节目，具有一定的历史性、地方性和观赏性。

**5. 东门船鼓**

东门岛古称天门山，因接宁海之东，故名东门，素有“老东门，新石浦”之说。渔业经济发达，被誉为“浙江渔业第一村”。

东门踞扼要津，历来为海防重地。唐辟为渔港商埠，宋立东门寨，元设巡检司，明置昌国卫城于此，清为海防汛地，筑卫寨城墙和烽火台。古时，捍卫海疆的士卒，当倭寇来犯时，常以击鼓报警；两军对垒时，则以擂鼓助威，鼓舞士气；取胜后，又以鸣鼓庆贺，因称“天门战鼓”。

早在清乾隆三年（1738 年），东门渔帮有大捕船 80 余艘，创立象山太和渔业公所，为省内最早的群众渔业组织之一。当时公所出资组建演出队称东门渔岛锣鼓，主要演奏细十番。演出的队伍较大，有大小七面套锣，有大鼓、小鼓、笃鼓、小锣、铜钹、铜铃，配以二胡、板胡、京胡、三弦、琵琶、唢呐等乐器伴奏，节奏明快，悦耳动听。鱼汛期，东门大捕船北上岱衢洋捕洋山黄鱼，扬帆出海时均要鸣鼓开道，以祈求渔民平安。渔汛结束，渔船返回归港，鸣鼓欢庆。

1945 年抗战胜利，上海大亨杜月笙、黄金荣七十大寿，东门柯小乃带领由延昌、南田等渔民组成的锣鼓队到上海演出，上海人称“海角大乐队”“渔家交响乐”。因曲调演奏抑扬顿挫，有出神入化之妙，许多报刊竞相报道，轰动一时。尔后由倪阿青、林厚武等人组成细十番，称为第二代。第二代以大小不同的三面铜锣，伴敲出节拍，音响效果极佳，引人入胜，更有一番韵味。由丁良元、陈瑞春、吕品会等人组成的乐队敲铜锣、拉胡琴、吹笛，称为第三代。他们刻苦训练，学习演奏技巧，队伍15余人，逢婚丧场合都出去演奏。

为弘扬历史文化、发掘民间传统文艺，2003年春，由东门岛退休教师丁爵连及韩素莲等人发起，聘请钱伟丰任乐队的教练及指挥，在东门村委会领导下组织成立“东门船鼓队”，得到县委宣传部等部门大力支持。“东门船鼓队”按古代抗倭战鼓和扬帆出海时的传统锣鼓节奏，整理出72拍民间鼓谱，添置3艘鼓眼彩船、16只大鼓、16副大顶钹。岛上渔姑们利用业余时间，以妈祖庙为基地演练鼓钹。她们有的练单打、双打，有的练高架两面打、多人打。手法熟练后，再配合顶、钹等乐器排演。“东门船鼓队”敲出了海浪的韵律，夹带着海风的意气，体现出海洋文化特色，集娱乐与健身于一体。船鼓队先在岛上各村和船埠码头巡回表演，征求村民尤其是民间老艺人的意见后，对鼓阵立位、擂鼓击点，逐一修正，达到完善。

在2003年“三月三，踏沙滩”活动中，“东门船鼓队”首次走出东门岛，在宋皇城沙滩亮相。正方形锣鼓阵列，由鼓眼彩船在前，双面大鼓殿后，8只单人鼓和18名敲钹者站在两旁助威。随着“呜呜呜”的螺号声，“咚咚咚”的鼓声响起，接着鼓钹齐鸣，此起彼伏，抑扬顿挫，跌宕起伏。

2003年5月30日，在宁波市第二届农民文化艺术节暨民间艺术大会串现场，“东门船鼓”以特邀表演节目率先登场，拉开了民间艺术大会串的序幕。“东门船鼓”的渔姑们身着金黄色彩衣，腰系红绸缎带，英姿飒爽。她们举起飘红缀绿的鼓槌，敲起了鼓。遒劲奔放、气势磅礴的鼓点，展示了海岛民众憨厚朴实、豪迈粗犷、捍勇威猛的无畏精神，引起了围观群众的啧啧称奇。

## （二）传统舞蹈

民间传统舞蹈起源于人类劳动生活，它由人民群众自创自演，表现出一个民族或地区的文化传统、生活习俗及人们精神风貌的群众性舞蹈活动。中国民间舞蹈是中华民族艺术宝库中的璀璨明珠，它不但历史悠久、题材广泛、内容丰富、形式多样，而且数量之多也是举世罕见。

象山民间传统舞蹈流传广泛、形式多样，无论是临近城市的渔港，或是远离大陆的海岛，大凡有渔民聚居的地方就留有民间舞蹈的痕迹。

### 1. 鱼灯舞

鱼灯舞是东南沿海渔民在喜庆丰收灯会中表演的一种舞蹈，主要在石浦昌国卫一带流传。

据传鱼灯舞是在明嘉靖末年（约 1566 年），昌国卫老百姓为纪念抗倭英雄和庆贺农耕丰收，在清明节和十月初一举行一年两头会的踩街游行活动中产生的，后来传到延昌、东门等地。

昌国鲫鱼灯舞表演特色鲜明，其套路为：第一节鳌鱼带队，第二节鲫鱼游三角，第三节鲫鱼单连环套，第四节鲫鱼双连环套，第五节鲫鱼放子，第六节鲫鱼收子，第七节双龙抢珠，第八节游四门，第九节鲫鱼趵滩，第十节刹灯。

与昌国卫有所不同，延昌鱼灯舞表演形式套路为：演员手持鱼灯棒，以原始的小跑步为主动作，加上翻、滚、跳、举、蹿等副动作，表演队形先出场为两直队，然后成交叉形行进，其中圆形队伍分 A、B 两组做蹿跳动作，A 上 B 下，B 上 A 下，体现了鱼在海里争食嬉戏的生活习性。

鱼灯舞的表演具有浓厚的海洋文化特色，鱼灯的设置和造型都是渔民日常生产中常见的海鱼品种。演员头戴海浪形帽，身着蓝底亮片衣裤，有鱼鳞状的肩挑和包臀布，白跑鞋装有鞋须。服装、道具色彩鲜艳、亮丽，舞蹈中色彩跳动，似身临海底世界。

鱼灯舞队形严整、舞姿优美，作为吉祥如意的象征而深受群众的欢迎。通过表演者的翻、滚、跳、举、蹿等一系列动作，生动形象地反映了鱼在海里跳跃游动的情景，活灵活现地体现了鱼儿群体生活的情趣。鱼灯舞采用了民乐吹打乐，乐器有唢呐、战鼓、大鼓、中音锣、绕钹、小锣、大鼓等，音乐节奏强烈，气氛热烈。

鱼灯舞不仅为当地民众提供了思想交流、情感宣泄、艺术观赏的机会，还给渔民搭起了文化娱乐空间。同时，对活跃和丰富群众文化生活，构建和谐社会起了推动作用。2006 年其被列为第一批宁波市非物质文化遗产名录。

**2. 灵南舞狮**

象山泗洲头镇上马岙村的“灵南舞狮”，人称“太平狮子”，以祈求祖神和其他神灵庇佑一方平安为表演的宗旨，据说在清代以前就已存在。

旧时它主要出现在春节、元宵等重大民间节庆活动中，其程序是先去村庙，后上宗祠，再挨家挨户滚舞，动作之寓意按地方与每家户主的要求而不同，如滚拜菩萨可“发家旺财”，滚舞床铺可“送子得子”，滚转四门可“四季平安”，等，故十分受村民的欢迎。

舞狮的艺术流派众多，“灵南舞狮”是由一只“狮子”在锣鼓等打击乐队的伴奏下进行表演，其中一人舞狮头，一人舞狮尾，狮子头部装有火球能喷火，在晚上表演效果更佳，故多选在夜间表演。舞狮的动作主要有“出狮门”“戏灯笼”“打棒”“戏火球”“戏钢叉”“跳桌角”等。动作特点一是“武”，与武术、杂技动作相结合，难度大，技巧性强；二是“活”，造型生动、夸张，舞狮动作如瘙痒、打滚等一招一式十分形象且吸引人；三是“力”，整个舞狮过程节奏紧凑、动作一气呵成，气氛热烈，在打击乐的伴奏下体现出特有的力度。

现在，“灵南舞狮”的传人均因年高而难以经常表演，当地政府和文化部门正协同镇与村，将该传统舞蹈的传承列入保护计划，并制定了一系列保护措施。

### 3. 大塘车灯

车灯，因流动彩车上悬挂的灯而得名，是定塘镇大塘地区特有的民间艺术，故又名大唐车灯。大塘车灯集唱、演、奏于一体，凝结了古代劳动人民高超的智慧和非凡的创造力。

大塘车灯历史悠久，起源于清朝嘉庆年间。昔日，每逢元宵或举办大塘红庙庙会，大唐车灯就要走村串户到大塘的各村庄表演，深受百姓欢迎和喜爱。1952 年，全县举办灯节大会演，大唐车灯荣获二等奖。“文化大革命”期间大唐车灯表演停止。2006 年 5 月，中站村村民史济康重新组建了大唐车灯队伍，恢复了车灯的演出活动，并应邀在中国（象山）开渔节，石浦三月三、文化遗产日等大型文艺活动中表演，现已成为当地一张具有较大影响力的文化名片。

大塘车灯表演的剧目是三国时期著名的“关公送皇嫂”的故事，车由竹篾、铁丝、布幔等材料制成轿状，四角悬挂彩灯，人在车内用假腿扮成坐姿，自己随车而走。整个车灯队伍由关公、马童、两名皇嫂、四个护将、两名车夫、四盏散灯、乐队七人等，共 25 人组成。表演时，先由关公骑着竹编纸糊的高头大马在城内唱倒板，打开城门，马童翻跟头跌出，引出表演队伍；关公手持大刀居中，其后左右两边是两顶装扮精美的花轿，两名皇嫂打扮的女子绑假腿扮成坐姿立于轿中。花轿由两名车夫推着，轿后是四位将军骑马护送。在一阵锣鼓声中，关公率先开唱，演唱中队伍按“剪刀车”“云头阵”“四角阵”“大团圆”四个阵型不停地变换方位，看得人眼花缭乱。

大塘车灯的唱腔用的是越剧的曲调，关公唱花脸，皇嫂唱旦角，车夫任丑角，乐队有时也接唱帮腔。曲牌有“倒板”“流水”“慢二凡”“高拨子”等，声腔跌宕起伏，刚柔并济，时而铿锵，时而温婉，把关公对结义大哥刘备的深情厚谊演绎得淋漓尽致。伴奏乐器则由锣鼓、二胡、京胡、号子等组成。

大塘车灯的表演曲目虽较为单一，但它的道具装扮和艺术造型色彩艳丽，装饰优美，特别是车中皇嫂的假腿及武将所骑的纸马的设计别出心裁，几乎能以假乱真，汇集了劳动人民的智慧和创造力。车灯表演时马童高而险的翻筋斗、关公令人目不暇接的舞刀动作、车夫均匀而形象的推车步伐，还有铿锵豪迈的唱腔、不断变换的队形，具有很强的现场感染力。

由于关公过五关斩六将，千里送皇嫂的故事几乎家喻户晓，它所颂扬的“忠义”之情深入人心，所以大唐车灯虽表演内容百年不变却百年不衰。

2008 年，大塘车灯被列入宁波市第二批非物质文化遗产名录。

### 4. 田洋湖茶山老龙

象山田洋湖茶山老龙是象山历史最悠久的龙舞之一，流布于定塘镇田洋湖村，在定塘镇、晓塘乡、新桥镇一带较为著名，在全县具有较大影响力。

田洋湖茶山老龙的创立年代无法考证。相传 500 多年前，有一条龙隐居在田洋湖村里的龙潭坑，为百姓施风播雨，赢得了众人的崇拜和敬仰。村民为了表彰老龙的功德，创造了龙舞，每年春节都在村里表演。有一年一名管山老妇不慎在坑中洗尿裤，弄脏了坑水。因龙是吉祥之物，见有脏水，难以久居。有一次下了三天三夜的倾盆大雨，老龙趁机腾空飞到宁海茶山盘踞，还带去了田洋湖村的一根石桥梁。自老龙离去，龙潭坑水断流，旱情严重，于是，田洋湖村在清光绪年间（1904 年）举行了规模盛大的请龙活动，去宁海茶山请回了老龙。自从老龙重回龙潭坑后，村里年年良田丰收，再也没有旱涝灾害。

1906年胡善德老人组织村民胡善标、胡家存、叶从狗重组龙舞队，称“田洋湖茶山老龙”，每逢正月到各村各岙舞龙。田洋湖茶山老龙长51.8米，宽0.5米，是象山最长、最大的龙。老龙造型古朴雄健，龙身用金黄色的布幔制成，装点天蓝色龙鳞，龙头用铁丝、竹丝折成，栩栩如生。田洋湖茶山老龙出龙和收龙都有严格的程序和隆重的仪式。出发时先由队旗、龙旗、彩旗、牌灯、散灯高照引路，后有荷花灯、猴灯、鲤鱼灯、鲳鱼灯、稻蟹灯相伴。舞龙时龙头紧贴龙珠，龙身随着龙头蜿蜒起伏，不停地盘、游、翻、滚、穿、腾、缠、戏，表演“过龙门”“跳龙门”“串梅花阵”“盘四门”“结顶”等内容。舞龙乐队由大锣、小锣、钹、鼓、长号等乐器组成，伴奏乐曲为世代相传的“锣鼓经”。舞龙队员着红色头巾、黄色对襟衣衫、青色布鞋，整个舞龙队色彩亮丽、大气、热烈，视觉冲击力强。

田洋湖茶山老龙于改革开放后恢复。现田洋湖茶山老龙每年从正月十五元宵节开始到各村各岙舞龙，直至月底结束，并时常参加中国（象山）开渔节、石浦三月三，大塘红庙庙会等民俗活动表演。

**5. 母子龙**

象山民间盛行特殊的龙舞——丹西街道珠水溪村的“母子龙”。

关于母子龙的由来，还有一个美丽的传说。相传千余年前，东海边有个三香地村，住着400余户人家。村庄周围盘踞着许多妖魔鬼怪，包括老鹰精、蛇精和乌龟精等。它们经常兴风作浪，残害百姓，每三年要引发两次火灾，村民们苦不堪言，纷纷背井离乡，最后只剩下几户人家继续住在那里。村庄遭难的事，被东海龙王知道了，派女儿前往察看。龙女化作一只白蟹，来到人间。这时候，龙女正身怀六甲，行动不便，在海边时，被出海的渔民捕获，想拿到城里出售。渔民经过村庄时，白蟹趁机偷偷逃离，来到一潭溪水坑外潜伏下来察看民情。不久，龙女产下了龙子，并在此抚养孩子成长。一天，母子俩在黄泥丘山上散步，看到山下村庄被大火烧成断墙残壁，百姓苦不堪言。龙女见状非常痛心，于是与龙子商量，决心除掉恶魔为民造福。当晚，就托梦给村里族长，告诉他，若要摆脱苦难，必须把三香地村民迁到水源丰富的地方。于是，族长按照龙女指点，将村民转移至另外一个地方，取名珠水溪。因为水能克火，所以村民们在村后建了一座回龙桥。从此以后，这片地方就很少发生火灾，百姓们也过上了安稳日子。

很多年后，这里发生了特大旱情，田地龟裂，颗粒无收。周围村庄百姓，组织三队人马，敲锣打鼓到白蟹潭求龙女降甘露。队伍走到山脚边，忽然窜出众多妖魔。霎时间，狂风大作，飞沙走石，天昏地暗。正在这时，白蟹潭中腾起水柱，冲上九天，彩云中立刻出现银色母龙和金色小龙，它们奋勇扑向众妖魔。只见天空中电闪雷鸣，地动山摇。经过几十回合的战斗，母子龙将众妖魔镇压在老鹰山下。从此，珠水溪和周边村庄风调雨顺，年年丰收，岁岁平安，百姓过上了幸福安康的生活。

珠水溪百姓一直对母子龙十分敬仰。为了纪念和感谢母子龙为这片土地带来的福音，村民们每年三月初三扎起五彩缤纷的母子龙龙灯，以盛大节日的形式，举行舞龙活动。

原来的舞龙队由男人组成。改革开放以后，村民们打破传统习俗，组成女子舞龙队。母龙由 30 至 50 岁的妇女操舞，子龙由 13 至 16 岁的少年盘舞，每条龙七节。舞龙时，龙珠先导，高照引路，龙珠后尾随一人，手持长号（斗号）边走边吹，无曲调，声音洪亮，悠扬生动。长号后面为鼓、铙钹、大锣、小锣和狗叫锣等打击乐器。打击乐的“三五七”曲牌为舞龙伴奏，气氛非常活跃。伴随着曲牌音乐，母子龙队伍通过盘、绕、退、进等套路进行盘舞，其名称有“如意”“葵花”“龙门”“龙节”“蛟巴”“乾粒”“滚沙”“舞龙”等。

母子龙舞蹈结合民间传说，寓意深刻，代表性强，每逢庙会、元宵和重大传统节日，都应邀参加演出。

### 6. 龙舟舞

龙舟舞是海岛渔区广为流传的一种民间舞蹈，它发源于江苏南部地区。据县志记载，南田山（现鹤浦镇）于光绪元年（1875 年）开禁后，成了四方移民的杂居地，居民大多来自宁、温、台地区。20 世纪 90 年代，鹤浦“旱龙舟”的传承人叶家园根据乾隆皇帝游江南的传说制作了龙舟，请人作词作曲创作“龙舟小曲”作为龙舟舞的伴唱小调，将三番锣鼓作为龙舟舞的主题锣鼓，然后以“镇海兴鱼”为主题，祈求渔区人民捕鱼“一帆风顺”“满载而归”；将流传民间的“船灯舞”的传统舞法，重新经过编排，形成了现在的鹤浦龙舟舞。叶家园本人亲自参加制作龙舟并表演龙舟舞。后来鹤浦龙舟舞多次参加中国开渔节、本地元宵节等大型民间艺术会演，成为鹤浦一乡一品的特色文化。

鹤浦龙舟舞的龙舟一般先用竹篾制成长 1.8 米、高 1.4 米、宽 0.8 米的骨架，船头做成龙头形，船尾做成龙尾形，船中间搭建成四立方体如同画舫的轿形。轿形船舱的装饰更为精湛，船舱开舱门及其他三方制成三个椭圆形小窗，舱门两侧写上吉祥的对联，轿顶突起如四方形伞，顶部佩戴大红花，四角挂起小彩珠或小灯笼，船舱后方贴上乾隆写的“渔家乐”三字。船身贴上龙鳞，下方缀蓝布，画水纹图案似舟在水中行，并遮盖住舱内表演者的脚，舱上方四角制有四只蜡烛灯座，便于夜间点灯表演舞蹈。龙舟整体颜色以黄色为主，寓意是皇帝坐的龙船。鹤浦现在表演的是有九条龙的龙舟舞。

过去，“船灯舞”一般是一条船配艄公、艄婆、舞舟姑娘，三人共同表演，称“船在水中行，人在船上舞”。而现在的龙舟舞仅一名艄婆在舟外表演，表演内容是表达沿海渔民向往幸福生活的美好愿望，祈求风调雨顺、五谷丰登，出海捕鱼能安全返航、幸福如意的心愿，受到海岛人民尤其是渔民的喜爱。“锣鼓经”是龙舟舞的主旋律，起航，锣鼓敲的冲头；拼搏，锣鼓敲的急急风冲头；作业戏水，只奏马腿。三番锣鼓就是由以上提到的急急风、冲头、马腿组成的。伴奏的乐队若干人，一般配有板胡、二胡、三弦等，接腔人员一般为掌牌灯人员和舱内演员，唱的小调有龙舟小调、拉网小调、渔家乐、夜行船、迎风斗浪等，唱词有十二月鱼名、二月蟹名、十只台子、小班商等。有艄婆与船婆对唱的，也有艄婆领唱牌，灯手接腔的。表演形式以龙舟动作幅度为依托，各自表演“风平浪静”“乘风破浪”“凯旋”等情景，始终围绕着“一帆风顺”的主题，表演可持续半小时，结束以锣鼓刹板为号。龙舟舞起初也是由单条龙舟表演的，后根据演出要求，经三次制作改编后，从一条增加到九条，寓意为九条小龙连接成一条大龙，更有气魄。艄婆持桨表演舞蹈，带领九条龙舟做密步“S”形乘风破浪，指挥船只收网、整网、装鱼、抬鱼等系列作业动作。在领唱龙舟小曲时，弦乐队根据锣鼓刹板，乐队起奏进门，艄婆领唱开始，船上人员（九条船九个人）与牌灯手接腔。

舞蹈中第一条为领头龙，龙头呈深棕色较大，其余为浅棕色稍小，龙身皆为黄色，下面缀有蓝色的飘布，意为海洋。演员服饰为渔家妇女普通服装。道具主要是龙舟、桨橹。响器主要是鼓亭 1 只、锣 1 面、小锣 1 面、闹钹 1 副，加上二胡、板胡、中胡、笛子等。

**7. 马灯舞**

马灯调是流传在江浙一带的民间灯舞，是一项将歌、乐、舞三者融会贯通的表演形式。因把古代的战马做成灯，饰以彩布，绑在身体前后，像骑在马上一样而得名。舞蹈动作以跑为主，所以又名“跑马灯”“走马灯”

等。嘉靖末年，当地老百姓为了纪念抗倭英雄和喜庆农耕丰收举行踩街游行活动，其中有一项表演就是马灯舞。后来马灯舞频频出现在大街小巷，流传到石浦延昌、东门等地，如今每年在十四夜民俗巡街和三月三，踏沙滩等活动中也都能看到马灯调的身影。那欢快的节奏，带着节日的喜悦与憧憬，总能毫不费力地勾起人们对传统的回忆。

在象山多地的马灯调表演中，规模最大的就是石浦的“延昌马灯”，距今已有近200年历史。表演者一般多达20余人，即三个“守城门”、四个“马童”、两个“旗手”、八到十四“马”。“小小马儿五尺长，爬高落低奔四方。有谁认得千里马，五湖四海一同闯。”

传统马灯舞的表演形式是左手拎马头，右手握马鞭，戏剧人物打扮，在长号声、锣鼓声中开始起舞。最先出场的是马童和旗手，紧接着一声吆喝下，英雄威武的将士们身着红绿彩衣，驾着数匹白马红马，踩着鼓点依次上台，围场转圈，先小圈，后大圈，先慢走，后快跑，再两两相对穿梭对跑，伴着急急如风般加快的锣鼓节奏越跑越快，看得人眼花缭乱。演员们轻扬马鞭，步伐稳健，目光有神，时而快步跳跃，时而慢步倒退，时而又左右跨越，还不断变化着队形，一副作战状态。

当艺术与生活相逢，当传统文化与现代旅游相遇，一场马灯舞，赋予了渔港古城无限魅力，再现了过去“滚龙走马喧通夕，火树银花烧不尽”的民俗盛况，宛如一幅流动的风姿灼灼的风俗画，更是剪不断的乡愁记忆。

现在马灯舞已是各地民俗活动中不可缺少的一个节目。地处浙东沿海的石浦民俗文化活动极其丰富，有三月三、元宵灯会、六月六等，特别是延昌一带村民，只要当地有重大的民俗活动或者重大节庆，必有由他们组建的马灯舞队、鱼灯舞队的身影。

### 8. 五狮山龙狮舞

据《象山县志》载：五狮山，旧名五师山，师通狮。五狮山雄峻而挺拔，峰有五，如有五狮之雄伟，故名之。

五狮山龙狮舞有其历史渊源。传说台头村坐落在云雾缭绕的高山脚下，山形像沉睡着的五只狮子，称为五狮山。五狮山上住着两个和尚，养着一只老虎，有一天老和尚与别人下棋，忘记给老虎喂食，饿虎吃掉了小和尚。老和尚大怒，拿起庙里的山门杠追打老虎，老虎掉入井里，井水上涨，老和尚用石磨盖住井口，久而久之老虎成仙变龙，上京赶考中状元，人称白状元。每遇干涸时间，白龙就会返回茅洋，给茅洋带来雨水，凡是茅洋人民有所企求，它总是有求必应。为了感谢白龙，茅洋人民在五狮山顶造了一座白龙庵，从此白龙在五狮山安居，称之为“五狮山白老龙”。

为了纪念白龙造福人民，1964 年冬，台头村成立了“青年游艺龙灯会”，邀请山根村顾河青传授舞龙技艺，从锣、钗、钹、鼓到技巧、动作、姿势、步法一一传授，培养了以石富新为代表的第一批舞龙手。从此，“青年游艺龙灯会”辗转茅洋各个乡村，巡回演出，从不间断。此后经过十余年的努力，龙灯会在演艺技巧、衣着服饰、人物场地调度等方面无不精通。

五狮山龙狮舞需根据锣鼓打击的节奏使步调一致，龙头紧跟龙珠相距 1 米左右，龙珠手、龙头手、龙身手必须要身体高大、强壮灵活的青壮年担任，十余位龙尾手紧紧配合龙头手翻滚转身，左右、上下摆动。两只大狮、三只小狮在绣球的引导下紧跟其后。龙珠手将龙引进门边定方向，边蹉步打圆行走，进圈后呈半圆站立，龙身微摆。大狮紧跟绣球并跳上凳子，表演各种动作，小狮紧跟大狮左右，顽皮嬉要。龙出场时要东南西北盘屋柱叩龙头致谢，俗称“掏四角”。紧接着要“七节弹涂节节钻”和“龙绿沙”，还有龙颅龙尾相咬，称“剪股结”和打“回头结”等一系列动作。

五狮山龙狮舞的特点是：一条白龙与五只狮子的舞蹈动作不但配合默契，而且节奏强烈，气氛热烈；白色的龙身与赤色的狮身，在舞蹈时，感觉色彩亮丽炫目。

这支龙狮舞队伍头裹白毛巾，身穿彩衣裤，系着宽腰带，脚穿高帮球鞋，以其独特的创意、灵活潇洒的舞姿动作，活跃在每年的春节、元宵、文化节中及大型活动的舞台上。龙狮舞队 2005 年参加乡文化节一举成名，2006 年应邀参加县民间艺术表演并取得良好成绩，其演出技巧及相关内容资料入选《浙江省民间音乐集成》。

### 9. 昌国卫盾牌舞

昌国卫盾牌舞是一种祭祀抗倭勇士的盾牌灯舞（灯会）。昌国卫一年有三次灯会：元宵、清明、十月初一。每次灯会五六百人，以清明节、十月初一最盛，俗称“还会”。会中有“高跷”“抛彩瓶”“长短无常”“抬城隍”“三十六缸”等舞蹈与杂技节目。庙中蜡烛高烧，灯会队伍穿插行进，舞灯人包头、绘脸，红衣、绿裤、扎腿，腰围响铃，穿过东南西北门，边舞边前进，铃声悦耳，响及乡里。据此，盾牌灯舞也多了一层含义，元宵灯会象征一年练兵开始，清明迎会用于祭祀祖先亡魂，十月初一庆祝胜利和丰收，踩街游行活动，一直踩街到石浦延昌，这一习俗在昌国经久不衰。昌国的老街主街道长三百多米，宽有 15 米。相传这里一度曾有 18 个指挥使，谁也不服谁，经常在前去议事的途中为行走时谁在先在后而闹出不和。为了解决这个矛盾，一个聪明人提议把街道造宽些，可供 18 匹坐骑横向一字排开同行，于是留下了这条宽阔的老街。

### 10. 珠山夫妻龙

涂茨的传统舞龙习俗由来已久。

据传，象山东北部最高山峰——珠山上，有个龙洞，里面盘踞着一条龙，被人们称为“珠山老龙”，它能造福于民。有一年夏天，涂茨遭遇大旱，庄稼枯死作物无收。无奈之下，族长组织民众穿蓑衣戴笠帽，带着雨伞抬着菩萨上山求雨，并且请县长一起参加，俗称“县长拜雨”。于是，珠山老龙把珠山村前的小山拖出一条溪流，形成上下水潭，叫“滴水坑”，帮助村民解决了饮水、洗涤问题。为了感恩珠山老龙，村民们每年以舞龙表示纪念，一直延续至今。

早年，由龙会柱首史悠春（1877—1946 年）请师傅姚阿法精心指教、传授，挑选村中体健力壮、个子高的青壮年担当龙首，挑选机灵、活泼、善于奔跑、个子不太高大的小青年担任龙尾。除了灵活强健的舞龙队员外，还需一支熟悉乐曲，能以娴熟的技巧敲锣打鼓、操琴吹奏的乐队。经过一段时间训练，珠山老龙表演以其步调一致、动作敏捷、行动自如而备受瞩目，无论走、跑、滚、蹿、跳、抖等动作，都显得优美自然，收放自如。

“文化大革命”期间，因舞龙被指为“四旧”，曾一度停演。直到 1978 年，文艺工作百花争艳，珠山老龙又重现光彩。这时涂茨镇庵后村的李文虎根据珠山龙的传说组织了女子舞龙队，创建了另一条母龙。后来，母龙在镇文化站站长沈庭楷的策划下，与珠山老龙相恋，便有了现在的“珠山夫妻龙”。“珠山夫妻龙”曾频频亮相春节、开渔节和县内的各种庆典活动。

珠山夫妻龙舞技变化多样，单梅花、双梅花、五梅花、单八卦、双八卦、长蛇阵、毛蟹阵、蜘网阵、剪刀阵、蜻蜓阵、鲤鱼跳龙门、九节连环阵、两龙抢珠等 72 个大小龙阵，充分表现了夫妻两龙亲密无间的情感。旧时，每年春节期间，18 名队员从初二开始在象山东乡的村村岙岙（东起屿岙，西至丹城白墩，南下爵溪，北到龙屿）进行舞龙表演。珠溪村的村民习惯于舞夜龙，队员们就要通宵不眠，三天三夜不能睡觉，直到正月十八日才收龙。

## 11. 打结龙

“打结龙”由两条不同颜色的布龙所组成：一条是黄龙，以黄色为底色，配以红、黄、绿等颜色的裙边；另一条是青龙，以青绿色为底色，配以绿、蓝、紫、黄等颜色的裙边。龙头上装有明珠和烛灯底座，当夜间舞龙时点上烛，明珠会产生各色反光和烛光交相辉映，活灵活现。

“打结龙”至今已有140多年历史。关于它的由来，流传着一个美丽的传说。140多年前，由龙子龙女化身的两个年轻男女来岑晁街游玩，看到岑晁风景优美、市场繁荣，他们就决定定居岑晁，为百姓做好事。后来被龙王发现他们触犯了天条，施以惩罚，把他们变成了两座小山，后来人们都叫这两座山为“两龙山”。为了纪念龙子、龙女，岑晁老村长叫来师傅做了两条布龙，并且请来舞龙师傅教授舞艺。当时共传授了72种舞龙技艺，如八仙阵、龙门阵、螳螂阵、梅花阵、双结连环阵、双龙抢珠阵、节节连环阵等，后因失传，只剩下十几种舞艺。

岑晁百姓通过舞龙来祈求风调雨顺、国泰民安。每逢春节、七月半、庙会，人们都会把那两条龙请出去舞一阵子。作为吉祥的象征，每有企业成立、商铺开业，他们也会把两条龙请出来演出。有时候也配合各村的马灯、船灯、大头娃娃、腰鼓队、秧歌队、铜管乐队等同台演出，使场面气氛更热闹、喜庆。

“打结龙”的每一条龙都由一个龙头师傅和十个龙节持者组成，加上持龙旗者（持龙旗的一般是领队），一共12人，另有乐队7人。俗话说：“龙头难把，龙尾难摇。”把龙头的一般是龙舞的传人，舞弄龙尾的基本为灵活的小伙子。黄龙的舞龙人由11个身穿黄色舞服、头裹黄色头布的男子组成；青龙的舞龙人由11个身着青色舞服、头裹青色头巾的女子组成。整个龙队有40多人。乐队则配有大鼓、中鼓、小鼓和战鼓，两支长号，还有旗锣、大铜锣、小锣、狗叫锣、大钹、小钹各一只。

岑晁“打结龙”出场前由铿锵的锣鼓声和洪亮的长号作为前奏，然后两条长龙出场亮相、走圆场，两龙绕着各色龙阵，龙头左右摆动。两龙时而绕成大圆形，时而绕八字、绕十字，时而并行前进、八字分开，两龙一高一低，一前一后，在绣球的引领下跑出各种阵形。据说打结龙“打结容易，解结难”，关键点在于如何打结和解结。打结龙的乐曲主要是走游曲和串结解结曲（急急风），舞龙随着乐曲演奏的快慢来打结和解结。演奏乐队打击得越紧急，龙队就舞得越欢，当乐曲最高潮时也正是舞龙最出神入化时，这时往往能收获观众的阵阵喝彩和掌声。

“打结龙”已有六代传人——第一代，朱世良；第二代，王善堂；第三代，王小明、朱英仁；第四代，王余福；第五代，王来夫；第六代，王陈平、陆秀珍。经过世代相传，岑晁人在舞龙技术上精益求精，在不断钻研前人舞龙经验的基础上，创新现代阵法，编制出七十二套阵法，如八仙阵、龙门阵、梅花阵等，并结合马灯、船灯、大头娃娃等同台演出，形式丰富多彩。1988 年，“打结龙”由第三代传承人带队参加宁波市舞龙大赛，获得了宁波市舞龙大赛“三品龙”称号，并先后受市、县邀请参加各种大型文艺活动演出，获得各界好评。

### 12. 昌国抬阁

昌国抬阁是流传于象山县石浦镇昌国一带，由杂技与传统戏剧相结合，集造型与表演于一体的民间艺术。表演时，若干童男童女扮演成古装戏剧人物坐于长方形阁架上，踩街活动开始，由四人抬着并配吹打器乐出行。昌国抬阁后来传播到石浦镇的延昌、丹东街道、丹西街道、定塘镇、新桥镇、爵溪街道等周边地区。

昌国抬阁的制作和表演有较多环节，参与制作、表演的人也很多。其中的抬阁制作、抬行，以及服装饰品的制作、器乐吹打、扮演戏剧人物等不同环节，需要不同的人群来完成。因此，它也是一项群体传承项目。

昌国抬阁源远流长，起源于明朝正德十六年（1521年）前后。明朝洪武初年（1368年），江浙沿海倭寇猖獗，明太祖朱元璋命汤和巡视海上，洪武二十七年（1394年），昌国设卫，成为海上重镇，并在东南抗倭斗争中发挥了重要作用。当时，有许多抗倭将士在这里浴血奋战、英勇牺牲。为彰显捍国勇士的业绩，告慰壮烈牺牲将士的英灵，明朝正德十六年（1521年）起，昌国卫民众要在清明节举办规模盛大的庙会，为亡灵做道场，俗称“清明会”。清明会为期3天，清明当天要举行盛大的巡游仪式。届时，东、南、西三境各出一出抬阁，参加巡游。当时昌国抬阁是“清明会”巡游队伍里最重要的表演项目之一，年年都要参加。昌国“清明会”于1950年庆祝新中国成立活动后停办，前后历时429年。

1999年，昌国抬阁在昌国卫6个村的热心群众的努力下得以恢复。近几年，昌国抬阁经常参与县内民俗活动，如中国开渔节、石浦三月三、石浦东门渔民开洋节等。

昌国抬阁之“阁”以木台为底，台上有固定的凳桩，以桩载人，出行时由四个壮汉用肩抬行。阁为长3米、宽2米的长方底座，底座四角以竹竿为支架，做成阁状，有顶棚，有匾额，有对联，用彩纸、绢花、灯笼等装饰。“阁”高2米，以“桩”为依托上下连成一体，由高至下分五层，为顶桩、二桩、三桩、四桩和末桩。桩上坐立3—5个穿红着绿、涂脂抹粉的童男童女，扮《白蛇传》《杨家将》《梁山伯与祝英台》等家喻户晓的剧中人物。

昌国抬阁造型典雅，内容优美，加上铿锵的吹打乐相伴，场面壮观，犹如一个个抬在肩头上的流动戏台，为世代人们所喜闻乐见。

2010年，昌国抬阁被列入宁波市第三批非物质文化遗产名录。

## （三）传统戏剧

民间传统戏剧是指劳动人民口头创作、民间演唱的戏剧艺术。民间戏剧是一种综合艺术，是在民间曲艺和民间歌舞的基础上发展起来的，一般都以歌舞形式出现，带有浓厚的歌舞成分。

### 1. 高塘提线木偶

提线木偶，是由木偶扮演戏剧中的角色，表演者用线控制木偶表演动作，根据角色的唱腔、对白进行表演，再加上相应的背景和抑扬顿挫的音乐伴奏，完全可以达到戏剧表演中的艺术效果，深受广大观众的喜爱。提线木偶是我国民间戏曲宝库中一颗灿烂的明珠，是劳动人民智慧的结晶。

提线木偶主要流传于高塘岛，主要传承人李贵富，祖籍在温岭。1931年，李贵富的爷爷从温州请师傅为父亲李相明传授提线木偶表演技巧。李相明学成提线木偶表演艺术后，于1942年在温岭组织了提线木偶剧团，民国十七年（1928年）在南田高塘岛安家落户，1960年成立了象山县提线木偶剧团。李相明的提线木偶表演艺术高超，演出的主要传统剧目有《西游记》《封神榜》《征南唐》《赵匡胤》等。1971年，开始演《半夜鸡叫》《血手印》《墙头记》等现代剧。1979年，成立了高塘公社提线木偶剧团，李相明为团长兼艺术指导，经常在舟山、宁波、台州等地区演出。

提线木偶表演舞台较大，长10米、高4.5米、宽8米，结构为上下两层，五人在高层提线木偶表演，两人在底层用布袋木偶表演。提线木偶“麻雀虽小，五脏俱全”，配有六个服装道具箱，舞台背景丰富，有山水景、海景、夜景、宫殿景、天空景等，全团演职人员有20人。

提线木偶演出，使人有身临其境的感觉，台上表演的木偶层次感、空间感强。木偶角色的眼、嘴、手、足皆动，并能根据角色的要求进行演唱对白，再加上有相应的背景配合，整体表演氛围真切、引人入胜。

提线木偶要求演员有较高的技艺，每个演员的十个手指皆需有娴熟的表演技巧，能牵动木偶的眼、嘴、手、足进行撕打、翻筋斗、摇船、骑马、劈腿等高难度动作，还要掌握剧中多种角色的唱腔和对白，以达到惟妙惟肖、声情并茂的艺术效果。

高塘提线木偶于2008年被列为宁波市第二批非物质文化遗产名录。

### 2. 三角棣紫云乱弹

紫云乱弹源自新昌，由当地的坐唱班发展而来，有班主从《偷桃》唱词“身躯飘飘，身穿紫云霄”中摘取“紫云”两字为班名，故名紫云乱弹。清光绪十六年（1890年）新昌镜岭何荣财等首建老紫云班，标志着紫云乱弹作为戏曲剧种出现。宣统元年（1909年），老紫云班进入宁波，吸收部分京剧剧目，演变成“徽夹乱”（乱弹兼唱京戏）的新型班社，而后新建紫云班。

象山三角棣紫云乱弹是新昌乱弹的一个分支。20世纪30年代，大徐镇三角棣村杨位六拜师学艺，组建象山首支紫云乱弹戏班子，曾唱红县内外，但以后失传近半个世纪。该剧种于2006年被县里定为非物质文化遗产。2013年9月，在当地乱弹老艺人的努力下，三角棣村组建了象山扬雷紫云乱弹剧团，并在2014年1月举行了首场汇报演出。

紫云乱弹曲调原以倒板、流水为主，后逐步加入二凡、慢二凡、快二凡、三五七、流水大板，既高亢、激昂、悲壮、沉郁，又华丽、流畅、舒展；表演以打戏为主，粗犷有力，场面盛大，最多时有17个人同台演出；剧目内容多表现家仇国恨，宣扬是非曲直、善恶终报的价值观，具有民间艺术的特色。

角色相较于越剧、黄梅戏等文戏，突出老生、武生、武旦、武打。例如《杨家将》中的杨继业、《龙虎斗》中的赵匡胤、《九江口》中的张定边是文武老生，表演时不仅需要高亢的嗓音，还需强健的身段、扎实的基本功，抡刀舞棒如闪电。花脸、油脸有杨七郎、薛刚等角色，他们以念、做、打等表演表现人物性格和剧情。武花旦、刀马旦有樊梨花、穆桂英、马夫人等角色。

乐队原先较为单一，仅有板胡、大鼓、锣、钹、唢呐，现在加入电子琴、琵琶（板胡为主胡）、笛子等，开场曲以清脆悦耳的笛子为引音，唢呐渲染气氛。整个舞台在开幕出场时，特别是点将时，鼓乐喧天、热闹非凡，现场感染力强。服饰较为繁复，色彩鲜艳，有袍，袄，盔甲（软盔、硬盔），帽盔，鹏毛等，兵刃有大刀，金刀，凤嘴刀，短剑，画戟，青龙刀，枪（二头枪、单头枪），剑，朴刀，大朴刀，铜锥等。代表作品有大型古装剧《双龙会》《两狼山》《辕门斩子》等13部，折子戏《张飞审瓜》《阳河摘印》《回荆州》等5出。

### 3. 鸡鸣三坑班

鸡鸣三坑班是象山历史最悠久的地方戏剧之一，主要流传地在象山县鸡鸣村，在全县及宁海、三门、温州、天台等周边地区都享有盛名。

三坑班是新昌高腔的分支之一。新昌高腔，以新昌为中心，流传于浙江绍兴、萧山、上虞、余姚、嵊州和宁海等地戏班。它被认为是明代南戏“四大声腔”之一的余姚腔的唯一遗音。三坑班因新昌三坑村举办新昌高腔第一副科班而得名。三坑班表演吸收了徽班、京班、越剧和地方戏的优点，具有鲜明的地方特色。

鸡鸣村三坑班创始人张小根和方小根，幼年时，都在三坑班学艺，家学渊源深厚。民国后期，因为战乱，新昌三坑班衰落，两人都流落在鸡鸣村。鸡鸣村在象山县南25里，现归属石浦镇。按《象山县志》记载：“鸡鸣山有鸡鸣岭，岭侧有南岩，三面花团锦簇，三峰如笋，东则其势插天，状如剑笏，光气射人，名千头岩。西南有太平山，山上有佛头岩，高十余丈，上如佛首，中断如佛腰，岌然如欲摇动，又名摇岩，四面皆薝葡花，花时似雪，香闻十里。”也就是说，鸡鸣村既是个风景秀丽的地方，又是个相对闭塞的地方。这大概就是鸡鸣三坑班得以存留的原因。

张小根流落鸡鸣村后，平时做点小生意，卖布，卖线头，赚点小钱过日子。方小根赶潮，以在海滩上捡螺等为生。两人由于有相同的爱好，一拍即合，都有愿望组建剧团，于是联合村里同好林寅木，邀请宁海平调班竺财兴师傅组建鸡鸣“三坑班”剧团。

鸡鸣三坑班继承下来的剧本多是宫廷戏、武打戏、家场戏（生活戏），重做功，唱词通俗易懂。这和剧班演出的对象有关，因为观众多为农民，所以唱白接近于口语，富有浓厚的生活气息。据说当初张、方两人掌握的演唱剧目有 18 种。因为三坑班师傅授徒往往分调腔、平调和高腔 3 种，每组授予 18 种剧本演唱，所以后来形成新昌三坑班、宁海平调和瑞安高腔三分支。1955 年，张小根和方小根到宁波小孟宝京剧团进修，结果鸡鸣演出剧本增加到二十几种，不仅传承了《九江口》《双玉配》等传统剧目，还融合了一些甬剧，如《甘露寺》《凤凰图》《赐绣旗》《送凤帔》等二十几种。张、方、林和竺组织鸡鸣三坑班剧团后，作为创始人，被称为“先生头”。他们培养了很多演出骨干，调腔的行当有“三花、四白、五旦常”之称，鸡鸣三坑班人才齐全。

三坑班有一个奇特的现象，就是调腔传统剧目与音乐曲牌没有曲谱。师傅和徒弟之间，基本上是口耳相传。古抄剧本有唱句，前辈老艺人积累了一整套简单的符号，附注在唱句之旁，形似蚯蚓，名曰“蚓号”，艺人见了就会根据注明的曲牌和不同的符号唱出特定的腔调。鸡鸣三坑班的老艺人已经凭着回忆，整理出来《辕门斩子》和《狄青比武》等剧目。

一个完整的鸡鸣三坑班需要 20 人，但是 13 个人也可以开班，角色演员不够，后勤结衣、装箱等人可以兼职，或者一个演员也可以兼几个角色。他们在象山、宁海，温州、台州一带表演十分火。农历正月初一至初七演出“灯头戏”，初八至十六演出“上灯戏”，十七至正月下旬演出“落灯戏”。农忙之余、割稻收麦时演出，称为“麦黄戏”，秋收后称“秋后戏”，年终，除夕做戏则称“春前戏”。

演出的舞台道具非常简单，只有一张桌子、三把椅子，居中的椅子放在桌子后面。演出的服饰和越剧相类似，分为大衣、二衣、三衣和云肩四大类，带有鲜明的中国特色，保留了汉民族服饰的基本特征。脸谱类似京剧，但是化素妆。后场，就是伴奏乐队，由 5 人组成：1 人负责大锣，1 人负责小锣，1 人负责鼓板，1 人负责横箫，1 人负责二胡兼奏。开场时，以大铜锣声为主，由缓转紧的“哐、哐、哐”声，震耳欲聋，气氛非常狂热。演出时，以横箫和二胡伴奏为主，“胡、胡、胡”深沉雄浑，“呜嘟、呜嘟”宏大而又凄切，“胡胡、胡胡”婉约而平柔，摄人心魄。后场音乐工作人员往往一人兼奏几种伴奏乐器，吹横箫的人配笃鼓，拉胡琴的也吹唢呐，调子婉转动听。

## （四）传统曲艺

在中国，曲艺与戏曲是同源异流的姊妹艺术。据不完全统计，全国有 300 多个曲种。曲艺是以说、唱、数为手段，生动、通俗、富有趣味地叙述故事情节，刻画人物性格的艺术形式。象山沿海与海岛民间曲艺品种主要有走书、唱新闻等。其音乐结构都是单曲体和联曲体的混合体，主旋律均为五声音阶，与本地的口语结合得十分紧密，长于叙述，又具有抒情、绘景等艺术性能，似唱似说，颇具艺术感染力。

### 1. 象山唱新闻

唱新闻是浙东地区流行的一个专唱社会新闻的曲艺品种，起源于清末期间盲人求乞时念的顺口溜，后经新闻艺人的历代传唱和发展，逐步形成说唱相间、以唱为主的表演形式，广泛流传于象山县及北仑、鄞州等周边地区的古老曲艺品种，影响遍及舟山市的岱山、普陀等地。象山境内的唱新闻皆用象山土腔土调演唱，内容都是本地风土人情，所以被称作“象山唱新闻”。

据《象山县志》记载：“清末，新闻传入本县。”新闻，旧时称朝报，距今已有100多年历史。据民间传说，象山唱新闻产生在南宋时期，当时有13个象山有志者，用演唱象山乡音的方式把流落在外的游子召回故乡，途中吸收了临安、杭州、绍兴等地民间曲艺的养分，逐渐形成“唱新闻”。

唱新闻的表演说唱相间，以唱为主。唱词多为七字句，也有长短句，双句押韵。演出方式分单口（一人演出）与双口（两人演出）两种。单口演出时，艺人左手持小锣、竹板，右手持鼓槌、锣片（竹片），左腿上放一只小腰鼓，有时边敲边说唱，有时唱完一段敲一阵锣鼓，然后接着说唱。双口演出时，一人为主，并自敲鼓板，另一人伴唱。一般在演出前先敲一阵锣鼓，以招揽听众，俗称“闹场”。开演时先唱四句或六句唱词，叫作“书帽子”，然后转入以唱为主、间有说白的“正书”表演。唱新闻传统节目长篇有《吊发圈》(象山始创)、《笼箱记》、《玉手坠》等，中篇有《锁吊兰私情》《三县并审》等，短篇有《人人拥护四十条》《沥洋糖厂俞银根》等。

象山较早的唱新闻艺人是清末民国初的象山东乡溪沿村盲艺人“花眼定”，还有号称“新闻三大圣”的贤庠镇海墩村贺根本、涂茨镇大坦村傅天龙、墙头镇吊水眼村周成法，他们以演唱传统节目为主。

20世纪80年代末，随着电视等现代传播媒体的普及，看唱新闻的观众越来越少，很多艺人改行另谋出路，唱新闻后继乏人，面临着严峻的生存危机，急需予以保护。

2011年，象山唱新闻被列为第三批国家级非物质文化遗产名录。

### 2. 宁波（象山）走书

宁波走书又名“莲花文书”“犁铧文书”，流行于浙江省宁波市及周边地区。它起源于清代同治、光绪年间，经历代艺人的加工而逐步发展成形。

宁波走书的表演先后经历了三个发展阶段：最初是一人演出的“坐唱”，由一位演员边唱边操乐器自行伴奏；其后演变为“里走书”，一人坐于桌后演唱，一人坐在桌子横旁伴奏；再后演唱者与伴奏者分坐桌子两旁，演唱者可在台上走动表演，称为“外走书”。中华人民共和国成立初期，宁波走书已从“坐唱”发展到“走唱”，从单挡发展到双挡乃至男女双挡。

宁波走书演出时舞台上设一张桌子，饰以紫红丝绒制作的精致桌围，上绣走书演员名字或曲艺队名称，桌上放置一把折扇、一块手帕、一块醒木等表演道具。演唱者坐在桌子左边，伴奏者坐在桌子右边。演出双挡走书时，两位演员分坐桌子两边，乐队坐于舞台右后方。演员除说、唱、弹外，表演中还需做到“噱”“渔”。“噱”是以滑稽的语言动作引人发笑；“渔”是一人饰演生、旦、净、末、丑多种角色。宁波走书演唱的曲调较多，其中最主要的是“四平调”“赋调”“马头调”，俗称“老三门”，此外还有“还魂调”“词调”“二黄”“三顿”“三五七”等30余种曲调。“四平调”一般用作书目的开篇，末句常由乐队和唱；“赋调”往往随故事情节、人物性格而变化，有快、中、慢之分，适用于不同情境，像哀诉与回忆就常用慢赋；“马头调”则多用于叙述。宁波走书有四弦胡琴、琵琶、二胡、三弦等多种伴奏乐器，并以四弦胡琴为主。唱词一般采用二二三结构的七字句，双句结尾处用韵，以宁波音的十三辙为准，平仄通押。

走书约于清末传入象山。在象山境内称为“象山走书”，影响遍及宁海、三门、黄岩、路桥等浙东沿海地区。象山走书是乱弹腔系的典型代表，可单人自拉自唱，也可一人（或双挡）演唱，多人伴奏。说唱相间，以唱为主，采用象山方言说唱。唱词一般为七字句或十字句，不强调平仄声，双句要押韵。伴奏乐器以四弦胡琴为主，可根据需要配以二胡、三弦、月琴等。20 世纪 50 年代是走书在象山的发展期，王唯玉是当时著名的走书艺人，以唱长篇曲目出名。20 世纪 60—70 年代，走书达到鼎盛，在丹城、爵溪、石浦等地设有专门的书场。象山走书有以下鲜明特色。

乡土气息浓厚，节目内容丰富。走书的语言、唱腔，都用象山方言演唱，通俗易懂，富有强烈的乡土气息，听众感觉亲切。其节目内容包罗万象，精彩纷呈，包括历史故事、新闻纪实、耕海牧渔、农耕纺织、社会百态、人生礼仪、风土人情等，是社会万象的真实写照和记录。演出主旨都是劝人为善，扶正压邪，教化色彩较浓。

曲调丰富多变，富有现场感染力。走书一般以“四平调”开头，末句常由伴奏者加腔伴唱，句幅较长，颇有气势。行路观景或描绘人物时多用“马头调”，较口语化，伴奏灵活，可连、可断、可夹白或表演。“赋调”随内容情节和人物性格而变化，并有快、中、慢之分，如哀诉或叙述、回忆等，多用慢赋。“还魂调”则多用于表现反面人物的阴阳怪气、油腔滑调，或表现其他有气无力、垂头丧气的人物情绪。各种曲调各有特色，交错演唱，丰富多变，易将观众带入曲折的故事情节之中。

演出搭档灵活多变，演员表演力强。走书可单人自拉自唱，也可一人（或双挡）演唱，多人伴奏。演出队伍一般不超过 5 人。走书道具、场地要求简单：一张桌子、几把椅子、一块醒木、一把扇子即可演唱；场地不受限制，民居堂前、天井、小礼堂都可演出。简单的演出形式加强了走书的机动性，却对演员提出了极高要求。演员不仅要能唱、能说，还要能演，会利用手中简单的道具、丰富的面部表情和恰当的肢体动作，营造故事气氛，表现书中各类角色特征。

2010年，走书被列入宁波市第三批非物质文化遗产名录。

## （五）传统工艺美术

象山沿海民间工艺美术与海洋民俗活动关系极为密切，如沿海民间的节日庆典、婚丧嫁娶、生子祝寿、迎神赛会等活动中的年画、剪纸、春联、戏具、花灯、符道神像、服装饰件、舟船等。另外，它们的制作材料大都是普通的木材、贝壳、纸，但技巧高超、构思巧妙，擅长大胆想象、夸张，且常用人们熟悉的寓意谐音手法，格调积极乐观、清新刚健、淳朴活泼，表达了沿海居民对美好生活的憧憬与理想，富有浪漫主义色彩。

### 1. 象山竹根雕

象山是天台山余脉向东延伸入海的地方，地处浙东中部沿海，境内山岭起伏，盛产毛竹。郁郁葱葱的竹海绵延达十万余亩，每年砍伐的原竹200万支，留下同样数目的竹根。千百年来，象山人栖居竹乡，食竹之笋，用竹之器，并发展了供赏玩的竹雕工艺。竹雕与木雕、石雕一样，历史悠久。其中因竹根雕材质特异，不易保存，古代的竹雕作品存世较少，目前发现的有清嘉庆年间的“秋叶贡盘”两件：由一竹根剖开成对，无论立意造型及其技法，都体现出较高艺术价值。

直至20世纪70年代，象山民间根雕艺人，开始对竹根雕艺术探讨和创新，在继承传统的基础上，不断吸收绘画、书法、木雕、石雕等艺术的养分，充分吸纳竹根天然生成的艺术元素，运用写意的创作理念，根据竹根形状、肌理，随形施雕，使作品达到“天人合一”“返璞归真”之情趣，让竹根“变腐朽为神奇”，开创了竹根雕艺术的新高峰，开发了镂空、浮雕、阴雕多种形式，采用“乱刀法”，创作了大量立意高古、造型奇妙、气韵生动的竹根雕艺术品，再经过防蛀、防霉、防裂的新工艺的应用，形成了完美的竹根雕艺术品种，取得了显著的成果，蜚声海内外。

1986 年，象山工艺美术公司创作的竹根雕《沙僧》首次获得浙江省名特新优产品“金鹰奖”，并先后获得刘开渠根艺金奖等国家级奖 28 项，其他各类奖项 200 多项，涌现了根艺大师和名家张德和、郑宝根、周秉益等。1996 年象山被评为“中国民间艺术（竹根雕）之乡”。

象山竹根雕具有重要的历史文化价值、工艺价值和经济价值。象山竹根雕既是一门技术，又是艺术，在加工工艺要求上，看似简单却又体现了人的智慧，特别是仿古工艺，更是竹根雕艺人在实践中积累的经验和感觉的结晶。

**2. 象山船模**

象山船模是对真船进行等比例缩小后，做成模型的民间艺术，主要流传于象山县石浦镇城区及东门岛、鹤浦镇、高塘镇、晓塘乡、爵溪街道等沿海镇乡、街道，影响遍及舟山、温州、江苏和福建等地。其中以石浦地区和爵溪街道的船模最为有名。

象山船模的起源和象山悠久的造船历史及渔民特有的民俗信仰有关。清康熙年间，福建人捐赠石浦东门岛一艘绿头商船船模，该船模被置于王将军庙大殿梁上，作为吉祥物，人们向其虔诚祈祷“一帆风顺，满载而归，渔丰人寿，吉祥如意”。随后，东门岛村民自制东门大捕船船模一艘，置王将军庙大殿中堂右侧，和之前船模形成一对。因此象山船模起源时间可追溯到清代。

象山船模种类丰富，从小舢板、小对船、大捕船、机帆船到钢质渔船，从渔船到渡轮、油轮、海上冰鲜船、跨国远销船、渔政船，从县内流网船、拖虾船、爵溪独捞船、鹤浦鸭嘴船、大港塘尖头船、集装箱货轮到县外福建小钓船、绿头商船、绿眉毡吊船及仿古船模，应有尽有。其中以爵溪独捞船船模和东门大捕船船模最有特色。

象山各地制作船模的工艺流程大同小异，一般流程为：画图纸，选材，定龙筋和船头鼻，固定梁和绕柱，制作底板、船尾栏板、船侧板，填缝隙，上漆，制作锚桅篷橹浆等船上物件。由于船模是静态放置的工艺品，与真船相比，其做工更加精致、色彩更加亮丽、装饰更加丰富，特别是在船模上应用的传统船饰，极具当地文化特色。

象山船模制作是根据原船的制作图纸，按比例缩小制作而成的。其技艺按照原船制作工艺，大多采用纯手工或手工与机械相结合的方式，这也保证了模型的原真性，充分体现了原船的质感和风貌，真实地记录了每条船的历史背景，并能装点居室，具有收藏价值。

象山船模集历史性、观赏性、收藏性于一体，从20世纪20年代开始，部分传承人就进行了大批量制作。许多商家也纷纷用它作为商业往来的礼品，有关部门也用它作为馈赠的纪念品。现在，船模由具观赏性的吉祥物，变成酒家商店开业、渔家女儿出嫁的纪念品，并逐步走向商品化。

2008年，象山船模制作被列入宁波市第二批非物质文化遗产名录。2012年，象山船模制作被列入浙江省第四批非物质文化遗产名录。

### 3. 象山剪纸

象山剪纸是一种古老的美术样式，具有鲜明的地域文化特色。剪纸是以纸、金银箔等片状材质为对象，以剪刀为工具，在视觉上创造出镂空效果的艺术，在家居装饰美化、渲染节日气氛、婚丧嫁娶、女红刺绣等领域广泛应用，并伴随象山社会环境和民间习俗的改变而发展。象山剪纸流传于全县18个镇乡（街道），其中东陈乡剪纸活动最为活跃，剪纸能手辈出，在宁波地区较为有名。

象山剪纸历史悠久。在1988年发掘的塔山遗址中出土的陶器文物上就发现了剪纸的饰样。可见早在6000多年前，象山居民可能就用剪纸艺术来美化生活。象山剪纸在明清时期流传最为广泛，每年四季八节家家都要贴上剪纸吉祥图案，如船花“满载而归”“顺风得利”“平平安安”等。村村灵灵的巧手姑娘都能剪一手美丽的窗花、鞋花、肚兜花、枕头花、帐帘花、搀袪花、拦腰花、帽花等。

象山剪纸以各色蜡光纸、宣纸、胶水等为材料，以剪刀、刻刀、铅笔、刷子等为工具，通过艺人的构思、起稿、剪刻和衬背景纸等工序制作而成。剪纸在创作时，艺人先在腹中打好草稿，根据先难后易、先里后外、先细后粗的顺序进行裁剪；选图多用象征、借喻的手法，并对其进行变形、夸张的处理，突出表现对象的轮廓特征；在色彩上除了传统剪纸常用的红、白外，还从民间蓝印花布、青瓷中吸取古代民间装饰设色手段，采用与海同色的蓝青色纸来剪，清纯、质朴、明亮、大方。作品除取材于日常生活，如窗艺、鞋花、肚兜花、枕头花、帐帘花、搀袪花、拦腰花、帽花等外，还取材具有象山地域特色的要素，如有很多表现大海、渔网、舟船、鱼类等的图案和作品，其中《百船图》这幅剪刻，就描述了象山历代渔船的演变过程，可谓展示当地渔业发展历史的艺术性画卷。此外，还有反映当前各行各业的、鲜活的社会动态和各种社会生活的作品。

象山剪纸是中国民间艺术中的一朵奇葩，也是我国的剪纸艺术发展历程中较典型的艺术品种，更是我国非物质文化遗产中不可缺少的组成部分，凝聚着象山人民的智慧和才华，饱含着劳动人民的审美情趣。

2012 年，象山剪纸被列入浙江省第四批非物质文化遗产名录。

### 4. 刻板牒印

刻板牒印是我国最原生态的一种民间版画艺术，是民间美术中的一朵奇葩。古代的牒，一般是指书籍刻本或通行证书，如牒谱、金牒、玉牒等。象山刻板牒印的“牒”，专指旧时寺院、庙宇或道观等信仰场所使用的“度牒”或“戒牒”。“刻板牒印”即是由专事刻板的民间艺人，接受这些寺、庙、观的委托后，将那些“度牒”和“戒牒”刻制印刷出来，作为一种信仰品出售或赠给那些善男信女，以保佑他们平安、吉祥和幸福。

刻板牒印在象山历史悠久，自有寺庙开始，就有刻板牒印存在。《象山县宗教志》载：南朝宋元嘉二年（425 年），僧凤跃云游至蓬莱山麓，在象鼻山之西，旁溪结茅栖居，创建等慈禅寺（俗名西寺）。宋代，佛教盛行，治平二年（1065 年）有等慈禅寺、宝梵讲寺（俗名东寺）等 6 座寺院赐寺额。乾德、熙宁、绍兴年间，瑞龙院、常乐院等 8 座寺院赐或加赐寺额。

刻板牒印的雕刻内容非常丰富，如："观音菩萨"牒，印内刻有南海观世音像；"三官"牒，刻有天官、地官、水官的图像；"双龙戏珠"牒，刻有双龙戏珠图像；"八宝"牒，刻有"八仙过海"中八仙的器物，有宝剑、箫、荷花、道情筒、蒲扇等。所刻内容含有吉祥如意、平安大吉之义。

刻板牒印的雕刻技艺也十分精湛，一般都采用阳刻技法，线条流畅而明快，人物造型夸张，面部表情刻画自然、安详，具有浓郁的民间年画气息。

刻板牒印的印刷，主要采用印拓的方法，一般都是单色拓印，印在黄表纸（佛教祭祀、祈福专用纸）上。

随着现代印刷技术的普及，这种原始的刻印方式几近消亡，当地为保护这一遗产，正在采取一些必要的措施使其不致湮灭。

象山刻板牒印于 2008 年列入宁波市第二批非物质文化遗产名录。

### 5. 象山农民画

象山是中国农民画发源地之一。象山农民画起源于 20 世纪 50 年代。

象山农民画表现形式多样，以写实的手法为主，辅以写意、抽象的表现手段，如《缸窖》《哺坊》《奔腾的海马》等作品，都来自生活，来自身边发生的事，随心而作、信手即画，创作者可自由地按照自己的想象和理解去创作。

象山农民画表现形式忽略一切细节，不管透视比例、视点，可以随心所欲地变换移动，打破时空概念，手法特别夸张，使人印象深刻。人物造型质朴天真，粗壮结实，朴拙生动，富有生气，一切全凭个人喜好。作品的色彩热烈绚丽，充满生机。这些农民画无拘无束地夸张、变形，强调主观上个人对事物的兴趣点，并加以“美”的凸显，借此使寻常的事物，由具象的客观形态转变为抽象的艺术形态。

第一代农民画家为女画家高妙兰。高妙兰从1956年创作一套象征“福、禄、寿”的作品，献给党中央、毛主席开始，一生创作了3000余幅作品，是农民画发展史上一个里程碑式的人物。高妙兰农民画创作跨度近40年，作品灌注着劳动人民的情感，继承了群众喜闻乐见的审美习惯，焕发着质朴、纯真、浓郁的乡土气息。作品多次刊登在《美术》《人民中国》和《人民画报》等国家级画刊上，并且有多幅作品被介绍到国外。1964年和1988年两次在杭州举办“农民画家高妙兰作品展”，受到国画大师潘天寿的赞扬。

为了继承和发扬高妙兰的农民画创作艺术，提高现代农民画的艺术水平，象山县文化馆多次举办了农民画培训班，先后涌现出张燕芬、张富祥、周秉益、应其钢、顾圣亚等农民画家。

2006年，象山农民画被列入宁波市第一批非物质文化遗产名录。

### 6. 麦秸画

麦秸画又叫麦秆画、麦草画，它和剪纸、布贴一样是一种剪贴艺术，是象山民间工艺美术精品之一，主要流传在象山县晓塘乡一带。麦秸画利用麦秸的自然光泽和抢撕成丝的特性，通过“熏、蒸、绘、剪、烫”等多道工序，根据需要剪裁和粘贴而成。晓塘乡是象山重要的粮食产区，曾种有大片的麦子，为麦秸画的产生提供了重要的原材料。

制作麦秸画的原材料和工具主要有麦秸、卡纸、剪刀、镊子、白胶、电烙铁、绘画用品、玻璃、相框等。做麦秸画之前，先要进行选材，挑选粗壮、圆挺、有光泽的麦秸，取中间部分用蒸气进行杀菌处理，取出晾干后，用刀尖剖开麦秸压平。制作一幅麦秸画与绘制一幅画大致相同，设计时要充分考虑麦秸上的自然丝纹，利用它剪贴后呈现出的横、平、竖、斜的光亮，来表现画的色彩和品位。设计中要使麦秸的色调和光泽自然和谐，主调明确，主题突出，不可杂乱无章。一般小图案不用做底稿，较大幅或复杂的图案需要做底稿，即用铅笔先在纸板上画出图案的大致轮廓，然后根据图案剪贴麦秸。剪贴麦秸时，先用剪刀把麦秸剪成所需的图形，运用拼贴、镂刻、镶嵌等制作方法和平面、浮雕、立体等构图造型，用镊子粘上白胶后贴在纸板相应部位上，制作成一幅画，内容多以花、鸟、人物、动物等传统题材为主。为了增强画面的层次和立体感，可以用电烙铁把麦秸烫成深浅不一的颜色，运用画面的明暗、黑白、疏密、聚散的对比，通过点、线、面巧妙搭配，达到画、情、意的有机结合，表现创作者对真善美的理解以及对艺术的追求。剪贴好后，把画装裱好放入玻璃相框内即告完成。

麦秸画因其金碧辉煌、古朴典雅的视觉效果与独特新颖、雅俗共赏的艺术特色，深受行家和民众的喜爱，被誉为“金色的艺术”。

晓塘乡的金冬彩（1929 年出生，已故）在诵经念佛时经常用麦秆代替金箔，剪成各种图案或折成各种祭祀用品，再拿到庙里烧掉。受其熏陶，金冬彩的孙子徐敏杰职高毕业后结合自己所学的美术专业，将麦秸用国画构图方式制作成一幅幅精美的装饰画，达到“人艺”和“天”的完美结合，由此开创了“徐派麦秸画”，现已成为象山重要的文化品牌。

### 7. 象山鱼拓

鱼拓是指用纸、墨汁或颜料在真鱼身上拓印其形象的技术，其过程是将有伸缩性的纸覆盖在鱼体上，再用墨色将其“打拓”出来。它由我国传统艺术传拓技艺演变而来，是一种古老的存真术，这种毫厘必显的复制方法保存了鱼的原貌与特征，对濒临灭绝的稀有鱼种，更具留存鱼貌的传世意义。

据说在宋朝就出现了用墨制作的鱼拓。在清代时期，鱼拓这种技法就已经在象山石浦等沿海一带出现。传说每到逢年过节，渔民将新鲜捕获的鱼涂上黑色的墨鱼汁，按压在红纸上拓出鱼的外形和鱼鳞纹路，正反鱼面轴对称贴于门窗上，象征着年年有余，表达渔民淳朴美好的祈愿。象山鱼拓技艺流传于象山沿海地区，主要分布在石浦镇（东门岛、檀头山岛、渔山列岛），鹤浦镇，高塘岛，晓塘乡，墙头镇，爵溪镇等乡镇街道。

制作鱼拓的方法有直接法和间接法两种。间接鱼拓是在鱼体上覆上宣纸，然后用白碱水将宣纸润湿，服帖地覆盖在鱼身上，获得鱼形后，用吹风机将纸均匀吹干，然后用拓包沾上颜色，在纸上轻轻敲打，从鱼背部颜色深的地方开始拓印。直接鱼拓，就是直接在鱼身上涂抹颜色，再覆纸按压而成，能够在 5 到 20 分钟内完成一幅作品。除了这两种，有时候因为鱼种的不同还需变换拓印工具，像鳗鱼、鲳鱼这类没有鳞片的鱼种，就需要用海绵拓，一点点轻轻地敲击。

象山鱼拓拓印的鱼轮廓分明，无论是长的鳗鱼，还是圆的鲳鱼，抑或是细长的黄鱼，鱼拓都能把鱼体曲线的美感和鱼的姿态表现出来。一张丰满的鱼拓，层次丰富。画卷的鱼鳞清晰可见，是鱼拓技艺的极致表现。除了鱼鳞的花纹，鳞片与鳞片之间层叠的立体感也是鱼拓追求的质感，有时候就连鱼身上细小的斑纹也不能落下。在平整的画卷上要表现鱼身的立体，则需要色彩的造就。从浓淡过渡，虚实变化，颜色变换，都是对创作者功底的考验。上色前，要熟悉鱼本身的颜色过渡，根据鱼体调整颜色浓淡，一般从鱼背部颜色重的地方开始，由浓到淡，由上到下，按照鱼体的颜色浓淡开始上色，上色的动作要利索轻快，避免重复上色，最后画出鱼身上不规则的斑点。如此拓印出来的作品才不会显得呆板，甚至让人不由得想要伸手触碰，似画卷上的鱼儿随时会从指尖溜走。最后的点睛，是鱼拓大师赋予这幅作品的灵魂，也是一张鱼拓作品唯一不是拓印下来的部分。以白色打底，留出鱼的眼白，黑色颜料勾勒出鱼眼，要留下光斑，能够让眼睛显得有神，参照鱼身的颜色，模仿鱼眼带有的不规律色块。

在传承中，鱼拓种类的多样赋予了这门技艺更大的创造空间和更高的观赏价值。在一幅作品中，鱼的造型、章法、布局显得更加重要，前后相叠，由浓及淡，用同一品种、不同大小的鱼制造远近变化的视觉效果，配上符合意境的诗句落款，这时的鱼拓从记录写实变成了艺术展示。

# 六 传统技艺

传统技艺是世代相传，具有悠久文化历史背景，烙着鲜明民族风格和地方特色，拥有完整工艺流程以及采用天然材料制作的技术和技能。

象山依山靠海，因此那些传统技艺也离不开耕海牧渔的生产生活方式，如“海盐晒制”“木海马制作”“扞网捕鱼”“青蟹酒制作”“鱼糍面制作”“红烧望潮”等技艺，都是沿海人民在生活中日积月累、创造和传承下来的，并且只有在本土特定的环境中才能创造和表现出来。

象山传统技艺类海洋非物质文化可以简单分为生活技艺、生产技艺等两大类别。

## （一）传统生活技艺

### 1. 渔家美食制作工艺

“三月清明断荤腥，四月川乌开鱼汛。”阳春三月，莺飞草长，也是鱼类繁殖生长期，渔事俱休，而到了四月谷雨时节，川乌（马鲛）开捕上市，紧接着大黄鱼汛开始，象山渔市大开，各地客商纷至沓来。

象山石浦渔港，此时千帆竞发，渔舟唱晚归港时，港面上桅樯林立，渔火帆影，十分壮观。以鱼为生的石浦人，不但善捕鱼，而且更能将鱼做成各种美味佳肴。一条鱼，在石浦人手里，同时可做成四五道风味各异、色香味俱佳的鱼席宴。就如一条重二三斤的马鲛，斩头去尾，把鱼肉沿鱼背刮下来，把鱼肉剁成鱼泥，一部分鱼泥加蛋清拌和均匀，用手捏成鱼圆放在一盆清水中，一粒粒雪白的鱼圆浮在水中；或将一部分鱼圆放入油锅中炸成金黄色的鱼丸，鱼圆加少许芹菜，可做成鱼圆汤，鱼丸则可与莴苣、胡萝卜等制成炒鱼丸；或将一部分鱼泥加上少量薯粉，拌和均匀后，用啤酒瓶敲扁滚薄，蒸熟后，切成鱼面条，与绿豆芽、香干等佐料做成鱼糍面；或将鱼头、鱼骨制成鱼骨酱，鱼子、鱼肝可炒雪菜或制汤。

制鱼丸：取新鲜鱼类，如鳗鱼、马鲛鱼、鮸鱼，刮下鱼肉，反复锤剁成鱼泥。和入适量生粉、蛋清、清水，使劲拌和，使其上劲。大锅烧开凉水，将鱼泥握于左手，用虎口挤出丸子，右手以勺置于沸水之中，待浮起即捞，此即鱼丸成品，亦称白丸。白丸嫩软可口，可配做多种菜肴。将丸子放入热油中炸成金黄色，称黄丸或鱼饼，入菜更显味美色佳。

制鱼面：前期备料与做鱼丸相同，只不过多生粉无生水。然后用棒槌、酒瓶等工具反复打压成薄面饼状。锅放开水将鱼面饼蒸熟，取出切成条状，和以其他配料，如肉丝、蛋丝、笋丝、绿豆芽等，可做成石浦特色鱼糍面。

制鱼胶：取出新鲜鱼鳔，以黄鱼、鮸鱼最佳，洗净、摊平、晒平；然后将锅内先炒渔盐，待高温时放入鱼胶，鱼胶炸成金色发泡状后取出。此鱼胶即可制汤、杂烩，均为上等品。当地渔区红白喜事讲究要有“鱼饼、白丸”加“鱼胶、肉丸”这几道主菜。

制鱼卤：取新鲜鱼类内脏（都是丢弃物）、小鱼等，放入陶制盆、缸，加盖后，在室外暴晒数月，使其全部发酵变成汁水，然后将汁水煮沸、滤净，最后装瓶。此即鱼卤。鱼卤是渔家自制调味品，鲜美赛过酱油，当地称其为鱼肚露。

**附：象山海鲜十六碗**

走进拥有千年渔乡风情和百里黄金海岸的象山，在体验曼妙海滨风情的同时，品尝原汁原味的海鲜美食，也是游客与象山不见不散的最好理由。而涵盖鱼、虾、蟹、贝的象山“海鲜十六碗”，则是品尝象山美食不可或缺的饕餮盛宴。

在中国四大渔港之一的石浦渔港，汇聚着丰富的活鲜、冰鲜水产品，其中海水鱼类有440多种，蟹、虾类有80余种，贝类有100余种。“海鲜十六碗”，就是十六道以原汁原味的象山本地海鲜为原料制作而成的菜肴。“海鲜十六碗”取材自这些肉质细腻的海产品，如梭子蟹、章鱼、鲜虾、泥螺、淡菜等，通过炒、炸、烩、溜、蒸、烧等烹调手法，清淡相宜，鲜嫩可口。

“来到丈母家，丈母端出十六碗”，这是石浦曾经流传的民谣，从中可以感受到象山“海鲜十六碗”在居民饮食生活中的地位。象山“海鲜十六碗”分为4道冷菜和12道热菜，道道色香味俱全。新“海鲜十六碗”菜单是：椒盐虾蛄、姜香蛎黄、白灼章干、咸炝活虾、清炖白鳊、红烧杂鱼、蛋面黄三、萝卜丝带鱼、倒笃梭子蟹、葱油泥螺、鱼糍面、盐水淡菜、鲍盐海鳗、翡翠虾、鱼鲞烤肉、米鱼头骨酱。值得注意的是，“海鲜十六碗”每道菜背后，还有一首诗和一个美丽的传说与之对应。其中诗歌朗朗上口，比如：“倒笃梭子蟹”——“梭子鲜蟹满座香，倒笃上盘便品尝。佐姜蘸醋且随意，把酒持蟹风味长”；“咸炝活虾”——“咸炝活虾用花雕，稍加细盐不用烧。入口鲜嫩香扑鼻，座中谁不称佳肴”；“白灼章干”——“章鱼灵气天下闻，清蒸白灼味更真。养血益气治肿毒，擂姜佐醋更宜人”；“姜香牡蛎”——“牡蛎之肉称蛎黄，海边岩隈壳内藏。补心养血安神志，入口还宜佐生姜”；“萝卜丝烧带鱼”——“嫩煎带鱼香且鲜，萝卜丝伴去腥膻。或菜或汤两相宜，家常美肴上琼筵”……

简洁明快的诗句，将“海鲜十六碗”各自的食材特色、烹调方法、独特风味一一展示，让人记忆深刻。如今“十六碗”不但配有一诗一传说，还把歌舞融入其中，发展成“一菜一诗一歌一舞一传说”。坐在海边，凭海临风，品尝海鲜，大快朵颐，品的不仅是地道鲜美的象山海鲜，更是深厚鲜活的象山渔文化。

### 2. 象山米馒头制作技艺

象山米馒头作为象山十大名吃之一，具有独特的滨海风情韵味。

象山米馒头的历史起源于南宋。据《浙江通志》所载，米馒头是南宋孝宗的恩师史浩为其老娘特制的。史母洪氏信奉观音，每年观音大士圣朝，总要赴南海普陀敬香拜佛。后因双目失明，史浩怕老娘渡海有风险，即在东钱湖中霞屿小岛仿照普陀山的潮音洞建造小普陀，让老娘来礼佛，就似登上“南海佛国”普陀山一样。小普陀建造完工后，观音大士开光的供品不能供奉鱼肉等腥荤食品，所以只用米磨成粉，制成米团来供奉。开光过后，史浩将观音大士的供品献给洪氏太君品尝，希望能延年益寿。洪氏太君吃了一口，硬是咽不下去，叹口气说：“无福享受菩萨的佛团了。”灵巧聪明的厨师竟想出一个办法，将米粉加放白药（酵母菌），置于温室发酵，拌入白糖，蒸熟后便成了馒头状，故称“米馒头”。后来，又在馒头中间印上一个寿字的红印，表示吃了能长寿。史浩得到老娘的赞许后，将米馒头带到京都，给宋孝宗品尝家乡创制的独特新食品。从此，米馒头成了民间传统的吉利点心与美味食品。后来，史氏子孙自宁波东钱湖迁入象山九顷村，一直保留用米馒头祭祖的习俗，700 多年来从未间断过。

南宋淳祐八年（1248 年），史氏余孙自宁波东钱湖迁入象山九顷村，但是史家子孙不忘祖制，还保留着老祖宗的习俗。象山的米馒头如海绵般柔韧、棉花般洁白，醇甜适口，冷热均可食用，多食不伤肠胃，是居家、旅游皆宜的方便食品。米馒头的制作技艺有三部分内容。

培养酵娘：先把0.5千克粳米煮成饭，冷却至28摄氏度左右时，放入100克白药拌匀，温度保持在28摄氏度左右，放入100克白药拌匀24小时后，如有香味溢出，即成酵娘。

配制和操作：米粉配制是5千克粳米和1千克糯米，加清水拌湿使米质软化，磨成米，筛去粗粝杂质。用沸水将米粉拌匀、搓压，湿度以手指能手握成团为度；温度在28—40摄氏度之间；过20小时后，米粉发酵时放入糖，拌匀；到24小时，发酵得更大，用手压实，即可蒸制。

蒸制火候：入笼时用手把米粉搓成扁圆形，中间要留有一定空隙。先将蒸笼放入70—80摄氏度的蒸锅上，使其充分发酵，然后猛火蒸熟。

象山米馒头于2008年被列为宁波市第二批非物质文化遗产名录。

### 3. 爵鲞制作技艺

爵鲞，向有“尤爱郎君风味好，美鱼珍重爵溪名”之誉，以其清白、形圆、干净、味鲜、咸淡适口，饮誉市场。甬城鱼市有“爵鲞”不到不开秤之说。旧时曾被列为贡品。

著名的“爵鲞”来自独特的传统加工工艺。据载：剖鲞工具有竹制的鲞笷、剖鱼寨、得鱼寨、鱼胶笠、鲞笠、鲞棚竹、木制鲞桩、洗鱼桶、大桶、腌匾、剖鱼凳、鱼胶凳、胶鲞刀等。相传明洪武时，爵溪即打制鲞刀，有“无刀不成鲞”之说。刀依黄鱼体形设计，略呈弧状。连刀柄长20厘米、宽8厘米，刀面光滑如镜，刀口锋利，小巧玲珑。经久耐用，为镇内特有。旧时除自用外，还远销温州、台州、舟山等地。制鲞分拣鱼、清洗、剖鱼、腌制、浸泡、翻晒、整形、包装等工序。

选独捞船和小对船所捕鲜度高、大小匀称的大黄鱼，清洗后用特制鲞刀循鱼体肛门与臂鳍间，沿侧背至头部上颚劈开，再从肛门刺边至尾间直剖，开膛捡取鱼鳔（胶）、卵囊、精囊，弃去鱼杂，撒食盐于肉面，用手紧压，使盐卤渗入鱼体，肉面朝上，排列于鲞桶或池内，再撒盐一层作封面。一天后铺上竹帘，压上石块。5 天后捞出，置于溪水冲洗，刷去污血、盐迹，剔除眼油。半小时后，排列于石英沙滩棚架式竹笠上，上晒下烘，上午晒背，午后翻晒整形，用手轻轻将鲞片尾部向肛门压弯，成圆形。晾晒第 3 日，压平鳍部，4 日后干燥成鲞，以竹编筐包装，衬铺稻草，贮存待运。如此晒制，鲞洁白质优、味美甜口、咸淡适中，一到市场销售，常被争购一空。

爵鲞制作技艺于 2018 年被列为象山县第二批非物质文化遗产代表名录。

**4. 文山鱼鲞制作技艺**

文山鱼鲞历史悠久。相传在明清时，文山村民就开始晒制鱼鲞（俗称晒烤头）了，以质优、味美、咸淡适中而闻名于江浙一带。清舫前王莳蕙《黄花鱼》有诗：“琐碎金鳞软玉膏，冰缸满载入关舟，女儿未受郎君聘，错伴春筵媚老饕。”

旧时，渔民每天起早出海捕鱼，晚上满载而归。渔船靠岸后，渔民将鱼分类整理后拿到街上去卖，已经很迟了，街上早无人影。当时没有冷冻设备，只得放置一夜，次日起早去卖，但原来十分新鲜的鱼却变了样，无人问津。特别是在农历三四月洋山鱼汛期间，捕回鱼后，渔民们更是望鱼兴叹。渔民们无可奈何，只得将鱼腌制，晒干备着自家吃。时间一长，家里所晒的鱼鲞和腌制的咸鱼因太多实在没有器具存放，不得已拿到街上去卖。殊不知晒干的鱼鲞和腌制的咸鱼比鲜鱼更畅销，卖出了很好的价格。正因为如此，文山村村民有了一个大胆的设想，将卖剩的鲜鱼劈开晒鲞，这就是文山鱼鲞的由来。

到了民国时期，现文山鱼鲞制作技艺传承人鲍财富之父鲍序洪（1905—1966年）组织大家一起从原来的零碎加工升级为集体加工，成立了有专业劈工、清洗工、晒工、调料技工和外销人员的晒鲞工场。晒制成品后，有的挑着串街走巷四处叫卖，有的去宁波、杭州各地揽生意搞批发。当时在江浙一带，文山鱼鲞信誉极好，被称为“宁波小白鲞”。20世纪70年代，鲍序洪将晒鲞技艺及工场传给了他的儿子鲍财富（1952年出生）。鲍财富在吸收以前文山鱼鲞晒制的经验和技术的基础上，经过科学安排和几十年的努力打拼，成功注册了“文山一品鱼鲞”商标，现已遍销全国各地。

文山鱼鲞制作有许多技巧：首先，选料要新鲜，品种一般以黄鱼、梅鱼、鳗鱼、对虾、小带鱼、墨鱼、鱿鱼、米鱼等为主。其次，配制调料要适中，一般以盐、味精、老酒为主料，根据比例配制。劈鲞时更为讲究，要用劈鲞的专用刀具。将鱼放在2米长、40厘米高的木矮凳上，剖开鱼肚（千万不可刮去鱼鳞），挖去鱼的内脏（但不能挖去鱼鳃）。然后将剖好的鱼排列于大头缸里腌制，再放入已配好的调料，一天后铺上竹帘，压上石块。腌制半个月后，当咸淡适中时，再置于溪水冲洗，刷去污血、盐迹，剔除眼油，将鱼洗至鲜白为宜，再将清洗好的鱼排列于石英沙滩棚架之竹笠上，上晒下烘，上午晒背，午后翻晒整形，用手轻轻将鲞片尾部向肛门压弯成圆形。一般晒到手摸起来没有水分为止，最后用小暑草（一定要用早稻草）包起来保存，半个月后，鱼鲞会散发出香气，在确保质量后，才包装阴放（冷藏）。

最近几年，文山鱼鲞无论从质量还是外形包装上都有了质的飞跃，以其色白、质优、味鲜甜口、咸淡适口而驰誉江浙市场。

### 5. 食饼筒制作技艺

食饼筒是石浦的特色小吃，又叫麦饼筒。节日或者亲朋好友相聚时，石浦人通常会拿鲜香可口的食饼筒招待客人。

食饼筒的由来有三种传说。一种说法是：很早的时候，象山的渔民出海捕鱼要一两个月才能回家一趟，在家的女人们为男人们的食物发愁，出海太久食物不易储存容易坏掉，于是聪明的女人们就发明了食饼筒。另一种说法是：戚继光抗倭时期，每家每户都准备好了可口的饭菜，准备犒劳抗倭大军，可是这么多的美味佳肴要怎么送去军营着实是个难题，于是聪慧的渔家妇女就用面粉做了饼皮，并把菜包了进去，送去军营给战士们，此后逐渐演变成了食饼筒。还有一种说法是：在天台的那个疯疯癫癫的济公和尚发明了食饼筒，这是因为他见人们吃饭时，每餐都有不少的剩菜剩饭，心痛这些剩饭剩菜被浪费，于是就把这些剩饭剩菜裹入面饼，留着等到下一顿再吃。因此，在上海世博会期间，食饼筒被称作“济公卷饼”作为中华小吃登场。

食饼筒的制作有三个关键环节。

面皮制作：面粉里加水，搅成韧性糊状，发酵一小时，徒手抓起一把面糊在手里，迅速在平底锅上抹出一个圆形。摊饼皮时，主妇拈一团又软又韧的面粉浆放在底部加热的平底鏊盘上，顺时针或逆时针均匀拭上一圈即成。手艺好的摊成的饼皮薄、匀而无洞眼，且外周“滴括周圆”。面皮的质量非常讲究，要既薄又韧。如果韧性不够，一包上馅就容易破掉，如果皮太厚，吃起来影响口感。

馅制作：做出来的馅不能带汤汁，因为食饼皮碰上汤汁容易破裂。食饼筒味道的好坏，其实全在馅的味道上，炒米面、红烧肉、绿豆芽、豆腐干、卷心菜、黄鳝、蛋丝等几种是最基本的配料，其他山珍海鲜均可入菜。

包食饼筒：取一张饼皮放在桌上摊平，先取炒米面铺底，然后取各种菜肴层层放在炒米面上，这是为了菜肴中留有的少量汤汁往下渗透时先被炒米面吸收，不至于碰到饼皮而造成食饼筒破裂。菜肴铺好后，用两手将饼皮卷起，要包实，食饼筒才能挺立。

石浦食饼筒传承至今已有四百年，成为象山民间传统美食，有“一筒卷着吃的宴席”的美誉。象山食饼筒还被纪录片《舌尖上的中国 2》介绍。

### 6. 咸鳓鱼制作技艺

象山人民濒海而居，靠海吃海，由于海鲜不容易保鲜和长时间储存，腌制便成为当地百姓长期采用的一种食用方法。

鳓鱼味鲜肉细，营养价值极高，富含蛋白质、钙、钾、硒等，还富含不饱和脂肪酸，具有降低胆固醇，防止血管硬化、高血压和冠心病等作用。

腌制鳓鱼需要细盐或者另外加工过的花椒盐（把花椒和细盐放在铁锅里炒熟）、高粱酒、陶盆、瓷坛、鲞刀、剖鲞凳等相关材料和工具。腌制鳓鱼首先选择刚捕上来的新鲜鳓鱼若干，然后从鳓鱼背脊处开刀，切开背脊的鱼骨，把鱼的内脏和鱼鳃挖除；不要用水洗，用一块干净的抹布，一点点地擦干净鱼体内的积血和黑色内膜，直到露出鲜嫩的鱼肉，保留外表的鱼鳞；之后用细盐或者另外加工过的花椒盐均匀抹在鱼肉上；然后把高粱酒微微撒在抹过盐的鱼肉上；最后把处理好的鳓鱼放在陶盆、瓷坛或者面盆里，上面盖张白纸，再压上石头，以挤出鱼里的腥水。一星期左右，就可以把已经腌制好的鱼拿出来，白天暴晒，晚上继续腌制，直至发霉、微烂。

咸鳓鱼种类通常有“霉香”与“实肉”两味。上述就属霉香咸鱼，晒干后，因产生一种奇特的香味，故其肉质松软，咸中带香；而实肉咸鱼则无须发酵，直接用鲜鱼腌制晒干即可，其肉质结实、成片，咸而鲜。

### 7. 麻糍制作技艺

麻糍是清明前制作的一道传统小吃，是农家用于送节、祭神、谢菩萨和上坟的必需品。麻糍制作在象山已有700余年的历史。

麻糍的品种一般可分为：白麻糍、青蒿麻糍、乌饭麻糍。

白麻糍的制作很简单，用糯米加10%的粳米，浸水1—3天后，放入饭锅蒸熟，趁热倒入捣臼，用力捣，一个人翻，几个人轮流捣。捣匀、捣韧后捧起来放在一平板上，平板要事先铺好松花，以免粘住木板。在放好的松花粉上，用一根木面杖来回滚动，边滚边放松花。当麻糍滚至约一厘米厚时，做成长方形大块，四个角都要做出，这样切条状时就不会有“碎头”。切条时，要估计一下能切几条，要切得均匀，形状一般大，切好后切口要粘一下松花，折成三叠，完成时要排开，以免粘住。

制作青麻糍的材料一般为：一臼麻糍为15斤，秈米2斤，糯米13斤，加水湿润后轧成米粉待用；大板青（蓬蒿）取叶片10斤，取适量松花粉和纯碱备用。工具为饭甑一口、饭布若干片、面板、菜刀、面杖、团箕各1-2个，大脚桶1—2只。流程如下：将大板青叶片清洗干净，在铁锅里放三分之二水，加热沸腾后加适当纯碱溶于热水中，然后将大板青叶片放入锅中烹煮，一边向锅里继续加大板青叶，一边用锅铲翻动，直至大板青叶熟烂，捞出放入筛中，用竹筷翻动摊薄冷却，水分含量以较干为宜，并捏成团块状。准备米粉加水拌匀，双手搓细米粉，含水量的标准以手捏紧一把米粉，能成团又要一搓就散为宜。将青团放入洁净捣臼，加一匙食盐拌在一起捣碎捣烂。将搓好的米粉倒入饭甑蒸熟，蒸熟的标准是饭甑顶部的水蒸气都冒出，然后盖上锅盖将米粉全熟透。在洁净的捣臼放入熟米粉，用捣米头捣透米粉与青团，以米粉与青团粘在一起十分均匀，又十分有糯性为好。捣好后，从捣臼中取出熟米团，放在筛有一层松花的面板上，用沾上水的手，压平粉团，上面筛上松花粉，再用面杖推压叠平，碾轧成七八厘米厚。拿菜刀割划一长溜，放在团箕上冷却。

乌饭麻糍的制作工艺也简单：将乌饭（一种常绿不落叶小树）叶洗净

放入捣臼里捣烂，取出捣烂的叶片放入水桶加水浸泡半天左右，让乌饭叶汁溶于水中。把乌饭叶汁用粉筛过滤，去叶片，流入另一只水桶，然后将洗净的纯糯米放入乌饭叶汁中浸泡 4—6 小时，见糯米已被染上紫蓝色时，即可舀入晒簟去掉多余水分待蒸。取饭甑，饭甑上用饭布蒙住，将晒簟里的糯米倒入饭甑里，放在沸水锅里加热，把饭甑里的糯米蒸熟。熟透的糯米放入洁净的捣臼里，一个人用捣木头不断捣，另一个人不断翻拌，直至米粒全变糊团，以光滑而柔软为好。从捣臼里取出米团，放入筛有松花粉的面板上，用洁净的双手压扁米团，米团上面再筛上松花粉，用面杖推开米团，厚度可根据需要，最后用菜刀切成块块，待食用。

**8. 鱼肚卤制作技艺**

石浦镇制作鱼肚卤已有一百余年的历史。以前，石浦镇由于渔业兴旺，一些与渔业生产相关的行业应运而生。特别在春夏之交的鱼汛期间，那些渔行主都要大量收购大黄鱼，将它们劈成黄鱼鲞，留下了大量鱼内脏下脚料。当地老百姓舍不得白白丢弃，将这些下脚料收集起来，拌上盐巴后放入坛中，暴晒后制成鱼肚卤。

鱼肚卤制作的具体操作过程是：先把鱼内脏下脚料收集起来，按 10∶3 的比例用盐拌匀，装入坛或甏中，放在天井中能照到日光的地方经夏日阳光的暴晒。当暴晒一段时间后，下脚料有所融化。以后每天用木棒搅拌一次，直到其彻底融化。到了秋后天气转凉时，就把这些经过夏日晒透已融化的鱼肚卤原料放到大铁镬里煎熬。在煎熬时加上一些黄酒、黄糖、生姜、茴香、桂皮等辅料，以便增加其色、香、味和去腥。煎煮到一定程度后，熄火待凉后，就可以用勺舀到预先铺上毛边纸的竹篮中，过滤到搁有两根竹棒的盆里。过滤出来的卤汁经澄清，即是色香味俱全、透着暗红色的上佳鱼肚卤，储藏起来作为全家常年的调味佐料。还可以用玻璃瓶分装起来，馈赠给亲朋好友分享。

在还没有味精、酱油的年代，鱼肚卤的确是一种上佳的调味品。由于它鲜味突出，咸中有醇香，因此特别适用于醮海蜇，以及制作米面和小麦面食品的佐料。

鱼肚卤（后称虾油）价廉物美，不但长期以来深受石浦民众的喜爱，还曾远销周边地区，得到广大消费者的好评。近年来，由于人们对海洋的狂捕滥捞，鱼产量每况愈下，原材料减少，鱼肚卤这一历史悠久的鱼产品已渐趋消亡。

### 9. 渔山雪花冻制作技艺

雪花冻是夏日极佳的清凉剂，具有消暑、解热、止渴功效，是老幼皆宜的饮品，同时还是治疗妇女疾患的良方。

渔山，实为渔山列岛。据《象山县渔业志》记载：列岛由 13 个岛屿、41 个礁石组成，总面积 2 平方千米，位于象山半岛东南海面上，距石浦港 45 千米。渔山列岛远离内陆，界临公海，水质清澈，能见度 10 米左右。光照充足，雨量充沛，四季分明，鱼类资源特别丰富，岩礁周边盛产贝、藻类。雪花草是海生藻类植物中的一种，学名石花菜、鸡毛菜。据《象山县渔业志》所述：石花菜，紫红色，软骨质坚韧，直立丛生，高 10 厘米至 30 厘米，呈扇形，生长于低潮带或潮下带岩石上，味鲜美，可供食用，是提取琼胶的优质原料。

每年春季气候回暖，海洋的水温随之上升，雪花草在低潮带的深水礁石上开始繁衍生长，到了农历五六月份长盛，渔山人开始采集雪花草。因为它长在深水中的悬崖峭壁上，必须在古历初一、十五的大潮汛潮水落到最低潮位时，长有雪花草的礁石才露出水面，方可采集。

采集到的雪花草颜色是暗红的，经过反复揉搓与漂洗，把夹杂在其中的杂质清除干净，晚上用清水漂，白天太阳晒，漂晒 3 天后，雪花草才由暗红色变成粉红色，再经过四天的夜漂日晒，雪花草呈现白色。此时，雪花草已完全晒干，既可上市出售亦可保存备用。

煎雪花冻时用的水与雪花草的比例，得根据煎冻的稀稠程度来配制。一般的方法如下：取一两（50克）雪花草，放入20寸铝制锅里，倒进近八成的水，先用猛火将锅里的水烧开，然后再用文火慢烧。锅里的水沸滚时间较长时，可用竹筷点蘸一下，用手触摸竹筷测试煎熬的程度，如有胶质感，一锅雪花冻就算煎成了。若还未有胶质感，则继续用文火慢烧，直到有胶质感为止。煎成后，让胶质水慢慢冷却成胶状，放入糖卤和薄荷，就是清凉、甜爽的渔山雪花草冻。

一到夏天，石浦的街头巷尾总有许多小商贩设摊叫卖雪花草冻，并美其名曰“仙草冻”。随着旅游业的发展，外地游客来这里观海景、尝海鲜，若见路旁有冻摊，也会围上去喝上一二碗。

如今交通便捷，岛上人口剧增，又知雪花草有较高的经济和药用价值，一度狂采滥拔，几乎被采尽拔绝。为了防止对雪花草无节制的采摘，有效地保护这一物种，渔山村做出规定：对岛上雪花草及其他海生动植物进行分期分批限量采挖。

### 10. 渔山鱼糍面制作技艺

鱼糍面是象山石浦一带家喻户晓的美食，选用东海特有的新鲜马鲛鱼的纯鱼肉，用槌敲成薄饼状蒸熟后，再切成面条状，烹制而成。鱼糍面选料讲究，制作精细，色白味美，清香可口，成为象山老百姓喜食的海鲜美味之一，在沿海特别是石浦渔港和周边的海岛（东门岛、檀头山岛、渔山岛、南田岛、高塘岛）一带，最为流行。象山籍诗人冯宗孝在《石浦鱼面》一诗中这样描述鱼糍面的美味：“鱼渗粉丝名本奇，如加麻辣更相宜。诸君若到京城去，夸得满天口沫飞。”

说起鱼糍面的由来，象山当地还有一个动人的故事。相传石浦曾有一个即将要结婚的渔家汉子，在一次出海中遇到了暴风，渔民全都葬身鱼腹。渔家汉子未过门媳妇听到噩耗，坚持要为“死去”的男人披麻戴孝，并发誓终身不嫁。想不到，在半月后的一个夜晚，有人轻轻地敲门。那女子开门一看，面前站着的正是自己的夫君。原来他在船沉没时抱了一块船舱板，被浪涛逐到了岸边，便一路讨饭回到了家乡。渔家男子被妻子的真情深深打动，想对妻子的忠贞有所表示，想来想去想到的还是鱼，便准备亲手做一碗没有鱼刺的鱼给妻子吃。但当他小心翼翼地把鱼去了刺、骨和皮后，面对的是一盆鱼肉糊糊，鱼肉糊糊难以烧煎、蒸食，扔掉又觉得可惜，于是只得做成了条状的鱼糍面。没想到的是，这面味道特别的鲜美可口，于是一传十、十传百，才有了今天的鱼糍面。

制作地道纯正的鱼糍面，选原料时，须选鱼眼晶莹透亮、鱼皮青灰有光、体形饱满富有弹性，条重750至1500克左右的特鲜马鲛鱼。制作鱼糍面一般须经过四道程序：

第一步，将新鲜马鲛鱼速斩，去头尾除掉鳞鳍，清除表面黏液，剖肚放血去内脏，用清水反复冲洗，直至不见血水为止。然后取一干布，将鱼身里外擦干，不留水渍。再取利刀，沿鱼骨方向，片出两片肉，鱼骨、头、尾弃之不用，或剁作鱼骨酱食用。

第二步，将鱼肉平摊于干燥、干净的砧板上，用刀缓缓刮下鱼肉。刀须竖刮而不能斜切。刮鱼肉时，须细心剔除鱼刺，剩余鱼皮不用。鱼肉刮完，并将鱼刺剔除干净后，可用刀背剁，直至其成肉糜。取一个盆装肉糜，加入适量黄酒或白酒，再加入适量上等面粉搅拌均匀，使肉糜成团。将肉糜捏成一只只小团，放到细淀粉中滚动。待鱼肉团粘上淀粉，再用手掌把肉团压成饼状待用。

第三步，用细淀粉均匀地撒在平整干净的桌面上，取一只鱼肉饼置于粉上，再取小擀面杖，在鱼肉饼上反复槌敲。边槌边撒少许淀粉，以防杖、肉、桌面粘连，一直把鱼肉饼槌敲成薄面饼形状为止。槌敲过程中，要循序渐进，慢敲细槌，手腕用力均衡，肉饼厚薄相称，不能敲断，也不可敲裂。

第四步，先用猛火烧锅内清水，待水滚后再将敲制成形的鱼肉薄饼，一张一张地分开放进用湿布垫底的蒸笼内蒸。待熟，下笼，一张张地晾开，切成阔面条状。至此，原汁原味的鱼糍面才算真正制成。

烹饪鱼糍面配料有讲究，一般需配精肉丝、冬笋丝、香菇丝，也可配入适量绿豆芽（掐头去根）、蒜末、葱花等。烹调时先倒少量食用油入炒锅，待油七分熟，倒入蒜末，煸炒出香味，立即放入肉丝爆炒，再用料酒喷洒，然后放入其他配料同炒，加少许食盐、白糖和高汤（或清水），最后铺上鱼糍面。汤沸，加入适量味精或鸡精，用湿淀粉勾芡，起锅装盆，淋上香油，撒上葱花。这时，一盆色香味俱佳、美味无比的鱼糍面才算大功告成。

过去，只有居住在海边的居民才能购到新鲜马鲛鱼，制作鱼糍面。目前，随着象山旅游景点的不断开发，全国来象山品尝海鲜的游客日趋增多，象山各大酒店和海鲜排档，纷纷将鱼糍面作为象山半岛“招牌菜”推荐给游客品尝，故有“未尝象山鱼糍面，不算到过石浦港”之说。随着冷藏技术的普及和运输的快捷，鱼糍面的原料——新鲜马鲛鱼的供应已不成问题，因此鱼糍面的制作技艺慢慢扩散到全国各地。

## （二）传统生产技艺

传统生产工艺是指生产工人利用传统生产工具和设备，对各种原料、材料、半成品进行加工或处理，最后使之成为成品的工作、方法和技术。传统生产工艺一般是具有鲜明民族风格和地方特色的工艺品种和技艺。

### 1. 木海马制作工艺

木海马俗称“泥马船”或“泥艋船”，人们双手扶其柄，单膝跪于其后，另一腿往后用力蹬涂，即可快速前进，其速度不亚于陆地上骑自行车，故有“海涂自行车”之称。

据说它是明代戚继光为抗倭而专门设计制造的，可以挂弓箭、搁长毛竹枪，前面又能置放小铜炮，用于海涂上追击倭寇的一种多功能的驾驭战具。后因战事平息，便逐渐被民间使用于海涂小海产的捕捞中，演变成为遍及象山沿海各乡镇海边人家的一种劳动工具甚至是交通工具了，一直沿用至今。

象山滩涂较多，光是西沪港畔就有一万多亩滩涂。滩涂中弹涂鱼极多，祖先就使用海马当作捕弹涂鱼的交通工具，这是木海马的起源，但具体时间无从考证。清乾隆时，象山人钱沃臣编撰的《蓬岛樵歌》，其中注云：“邑以梅熟时弹涂鱼最肥美，曰梅弹。我邑渔人取之乘橇，其行如船。约五尺许，以左膝跪橇中，右膝代篙行涂中，橇，俗曰泥马。”“泥马”就是现在的“海马”。海马发展至今，其外表和功能跟过去基本一样，人们还是用单腿跪在海马里，另一腿代篙蹬涂前进。

木海马的制作工艺从古代到现代，基本没有太大变化。首先准备好制作材料，一是要截取一段弯杉树或楝树，角度要大于100—150度，长度不少于1.5米；剖两块一厘米厚的板材；然后把两块同样弯度的木板刨滑。二是要截取一块宽20厘米、长1.5米的平板，然后把平板刨滑，用沸水烫，把它烫成和上述两块板一样的弯度，再制一个20厘米的木墩，打上两个眼子。把上述的材料进行装配，然后再装上高50厘米、宽40厘米的扶手，这样木海马就制成了。

木海马是象山渔民在千百年渔业劳动中智慧的结晶，它虽然体积小、结构简单，但蕴含着物理学、工程学的知识，是我国渔业生产工具发展史上不可忽视的组成部分，值得保护和研究。

2008年，木海马被列为宁波市第二批非物质文化遗产名录。

## 2. 石浦鱼灯制作技艺

石浦地区风俗活动繁多，有正月十四闹元宵、三月三踏沙滩民俗活动、六月六庙会、七月半、行纸会、放水灯等。在这些民俗活动中，鱼灯是必不可少的道具。人们以挂鱼灯为吉祥，用鱼灯辟邪，舞鱼灯贺喜庆。因此，每逢节日，家家户户都要扎鱼灯。

相传，明嘉靖末年（1566 年），就有鱼灯出现。当时老百姓为了纪念抗倭将士及庆渔、农业丰收，举行踩街活动，人们手持鱼灯、花篮灯、铜鼓灯、牌灯、桃子灯、龙灯、青蛙灯、白兔灯、龙舟灯、孔雀灯、姜太公钓鱼灯等各式各样彩灯跑步表演灯舞。改革开放后，特别是中国（象山）开渔节的连续举办，鱼灯又兴旺起来，鱼灯的样式更加丰富，有鳌鱼灯、黄鱼灯、鲳鱼灯、带鱼灯、大虾灯、红洋鱼灯、墨鱼灯、梭子蟹灯、鲎灯、稻蟹灯等。

鱼灯的制作以手工为主，工艺比较复杂。首先要有各种鱼灯的制作图纸，包括灯的支架图（结构图）、外形效果图、施工图等。其次要根据图纸要求准备材料，一般以毛竹为主，将毛竹劈成篾，根据鱼灯的大小，篾长在 3 至 10 厘米之间，根据鱼灯的形态扎架子。如果有的鱼背部、嘴、鳍、尾巴造型比较凸显，根据造型需要，可把篾片用小火弹成不同程度的弓形，然后按照鱼身结构的比例、形状用麻绳或铅丝固定支架，这样鱼的造型支架即可完成。再次，用白布或白纸把支架幔好，用糨糊或胶水固定。布、纸要幔得紧，交接处要随缝相叠 0.5 至 1 厘米（根据灯大小而定），不能裂开，然后剪去多余部分，着色装饰。这需要精工细作，精心设计。根据外形效果图，喷上或涂上各种颜色，由浅入深或由深入浅，达到理想效果为止。鱼眼睛、鱼鳞、鱼鳍、鱼尾巴等部分，还需要用画笔勾勒造型，有的鱼灯在纸与纸、布与布交接处，用金纸或彩纸（根据色彩要求）黏合，这样看上去既美观又醒目。为了表演需要，有的鱼灯嘴里还设有喷水、喷烟装置；有的鱼眼睛和鱼身周围装有灯泡，晚上看起来更有生气。最后，在鱼身中间装上一根直棒，供表演者握着舞动。各种鱼灯制作的工艺程序大致相同。

石浦鱼灯造型夸张、大写意，使人感觉活灵活现，富有意蕴情趣，而且灯的色彩鲜艳、亮丽、夺目。在灯展现场还可以看到鲜活的“黄鱼”“带鱼”“鲫鱼”在快乐地舞动；“梭子蟹”“青蟹”“稻蟹”在轻轻对话；“对虾”“龙虾”在大海畅游；一群群“小鱼”在勇往直前……使人感觉来到海洋世界。

由于制作鱼灯工艺复杂，经济收益少，加上这些传承人年岁已高（都在 60 岁以上），年轻人又不愿从事这一行业，这使鱼灯制作工艺面临失传的危险。

石浦鱼灯制作于 2008 年被列入宁波市第二批非物质文化遗产名录。

### 3. 象山土布纺织技艺

土布纺织技艺是以棉、麻为原料，通过手工纺织成棉布和麻布，俗称为“土布”，是象山农村曾经广为流传的民间手工技艺项目。

象山县晓塘乡新厂村（原华塘乡胡家峙）原是一片汪洋大海，在嘉庆八年（1803 年），有平阳、玉环、台州、宁波等地人来此围塘，因土质碱性不能种水稻，适合种植棉花。后来有一位天台织土布师傅鲍于好，在晓塘住下，与当地农民一起依靠加工出售土布维持生计。

象山土布纺织技艺大致有如下程序：

第一步，棉花采摘后晒干，用人力踏洋车轧成花絮。

第二步，用手工弹花絮，再用竹竿一支一支扭成一尺长絮条，或者用手工把棉花接成线。

第三步，蒸纱，即用纺车将棉线纺成棉纱，然后放在蒸笼里蒸，一直蒸到纱线有韧性，形成纱筋。

第四步，蒸过的纱线形成纱筋，将小麦粉拌成的糨糊用刷刷到纱上，放至太阳下晒干。

第五步，刷硬布筋，穿上织布扣后卷入机头，开始织布。当地有四句顺口溜来形容织布时的情景："眼看苏州米面店，屁股坐在杭州店柜头，脚踏宁波江桥头，双手东海摸鲤九（注：鲤九是海里的一种鱼）。"顺口溜意思为：织布时两眼看着布机上的细纱像苏州米面店里的米面一样，屁股坐在布机后面的凳子上，像开店的店员坐在柜台边，双脚一松一紧像在桥上走路，双手拿着梭子一来一去，像在海里抲鱼。

第六步，染色，即一般将布染成黑、灰、蓝等颜色。当时，由于染色的颜料紧缺，织土布师傅们会把阴水沟表层以下的淤泥（一种天然材料）与颜料和在一起放在大锅里煮，一直煮到去除淤泥的臭味为止，然后把布筋放到锅里一起煮，直到上色。

土布纺织技艺是劳动人民长期实践所形成的智慧结晶，世代传承于寻常百姓家。它流程复杂、操作规范、工艺独特，所需的器件制作原料易取、成本低廉、技艺易学好记、操作灵便、简朴实用。制作出来的布匹，宽窄划一、厚薄均匀、条纹清晰、图案美观，是一种独特的民间优秀工艺品和生活必需品，它具有既吸汗又通风、厚实保暖、舒适保健等特点。

挖掘、研究和传承传统土布纺织技艺，对了解人类社会的发展进程，丰富和完善中国纺织史，具有一定的研究价值。但随着现代纺织工业技术的飞速发展，传统土布手工纺织业逐渐处于萧条状态，保护和传承这项生产性非物质文化遗产已迫在眉睫。

**4. 象山晒盐技艺**

象山传统的制盐工艺是我国数千年来海盐生产工艺的缩影，是古代先民在长期的生产劳动中的经验积累和智慧结晶，具有典型的传统技艺特征。

盐被誉为“百味之祖”“食肴之将”“国之大宝”。汉代许慎在《说文解字》里这样解释盐:“卤也，天生曰卤、人生曰盐。从卤，监声。”煮海为盐，起于西汉吴濞。浩瀚的大海、广阔的滩涂、茂密的盐蒿草，是盐民取之不竭的“粮仓”。

象山地处浙江中部沿海，三面环海，海岸线长，浅海滩涂面积广阔，海水盐度年均30.8‰，日照时间长，风力资源丰富，具备晒盐的优良条件，是浙江省三大产盐县之一。象山制盐的历史可追溯到汉代。汉在浙江置郡国盐官。唐朝初年,《新唐书・地理志》载：台州临海县“有铁、有盐”，距今已有1300多年的悠久历史。历史上境内盐区自钱仓由爵溪折而至石浦，迂回二百里，灶舍环列其间。宋政和四年（1114年），以当地玉泉山为名设玉泉场。明代场设盐官，并于石浦、番头、钱仓增设巡盐千户兵，负责查缉私漏。清初玉泉场一度并入鄞县大嵩场，乾隆五年（1740年）复设玉泉场公署于丹城。民国三十六年（1947年），宁海、三门盐区划归玉泉盐场管辖，盐区跨越象山、宁海、三门三地，为史上所未有。20世纪70年代后，沿海而居的象山人民劈山填海，先后建成花岙、昌国、旦门、新桥、白岩山5个集体盐场，总面积近3万亩，盐产量居宁波市首位，象山县成为全省三大产盐县之一。后随经济体制改革和现代生产技术的引入，盐场的生产经营方式及格局发生了变化，一些盐场改建为养殖场、农垦场或被收回改作他用，至2010年底全县仅存新桥、旦门、花岙3个盐场，晒盐面积仅剩3570亩。

宋代以前，象山沿海主要是土法零星制盐，即直接将海水煎煮，古称“熬波”。北宋时期，习惯用煎灶，以铁盘为主，煎盐结晶。元、明时期，铁盘与篾盘并用,《两浙盐法志》载：明嘉靖六年（1527年），玉泉场有灶十六座，其中篾盘三副，铁盘十三副。清嘉庆以前，制卤用刮泥淋卤和泼灰制卤二法，以泼灰为主，到清康熙二十年（1682年）左右，废铁盘，改用铁锅，清末引入缸坦晒制，成为象山境内主要晒盐的方法，是传统盐业生产工艺的一大变革，并一直沿用至20世纪50年代。1952年开始试验平滩晒制，1965年后逐步改造原灰晒盐田为滩晒，1980年以后全面实行，这是盐业制法的又一大变革，成为象山晒盐的主要方法。

晒盐是手工技艺中较为特别的一种，它以海水为基本原料，并利用近海滩涂出现的白色之泥（咸泥）或灰土（泥），结合日光和风力蒸发，通过淋、泼等方法制成盐卤（鲜卤），再通过火煎或日晒、风能等方式结晶，制成粗细不同的成品盐。海盐的生产流程有10余道，以晒灰制卤、煎灶和坦晒为例，其核心工序主要有开辟滩场、制灰土、制卤、结晶等。

开辟滩场：在近海筑塘御潮，建水闸，纳潮排淡；开沟筑塍为界，成方块滩场，环场沟渠贮海水（同时挖若干潭贮潮）。

制灰土：先用削刀削松滩场泥，以碌扒碌碎泥块，再用竹竿搅泥成细，形如灰状。挑潭中海水，用木瓢洒泼匀透，使泥（灰）吸收水中盐分，日中再泼再晒至日落，以削刀将泥（灰）集聚，用木板夹成长堤状，以防夜雨。次日天晴，仍翻扒推平，以碌扒扒松，方法如前。一般盛夏2至3日，秋冬4日，泥（灰）中已饱含盐分。

制卤：在滩场中心便利位置筑土圈如柜，长8尺、阔6尺、高2尺、深3尺，称灰溜。在溜旁开一深井，深8尺（或用缸以承溜），溜底用短木数段平铺，木上再铺细竹数十根，覆以柴灰，然后填所晒场泥（灰）入溜中，用足踏实，再以稻草覆灰，挑潭中海水泼草灰上，使缓缓渗入井中，即成咸卤（鲜卤），可上灶煎盐。测卤咸度用石莲沉浮而定。取石莲10枚置入卤中，浮三四莲为浓卤（盐度高），五莲者卤最浓，莲沉于底，则盐度已少，不能煎盐。后改为用柴灰平铺盐田，引海水入盐田，吸取其盐分。灰晒干后扫成堆，如是重复两天，灰中饱含盐分。再挑灰至漏碗，灌海水至漏底，即成鲜卤。

结晶：一是煎法，即设泥灶，用铁盘或篾盘、铁锅置其上，注卤水入内加热，将皂角末和米糠搅沸卤中，即刻成盐。二是晒法，即择盐田适中地段，围成方格，格内以土压实，铺上碎缸片，中分数格，将鲜卤注入格中，利用日光与风力使其结晶成盐。

象山“海盐晒制”技艺是象山先民千百年来在生产劳动中的智慧结晶，也是人类在改造自然中与自然和谐共处的一则典范。在漫长的历史进程中，由此所产生的和晒盐相关的风俗习惯、风土人情等也渐渐融于盐民的生活之中，并形成了象山县内容丰富、形式多样、内涵深厚的盐文化。例如，当地民众在结婚、建房、祈福等仪式中都把盐作为吉祥物；熬盐菩萨、盐祖宗等民间传说，如今仍在当地广为流传；大量的地名，如盐厂、盐仓前、盐场、烧盐湾等，均与制盐习俗相关。

2008年，象山晒盐技艺列入第二批国家级非物质文化遗产名录。

### 5. 渔区传统打结绳技艺

东门岛历史悠久。唐初，岛上居民就在这块宝地耕海牧渔；宋时，开始有拖网、对网、流网、张网等作业；到乾隆初年，东门岛有大捕船八十余艘，在舟山岱衢洋涨捕大、小黄鱼及带鱼。在历代的渔业生产中，为了安全、快捷、牢固地连接或固定渔业生产关联用具，东门岛渔民发明了上百个绳结，传承至今。现在常用的，比较经典的绳结尚有近30个，分别是扁结、撩班结、对撩班结、双拼结、水桶甩结、和把结、活络结、三花结、起结、刹结、并结、流网结、枇杷结、园兜结、双兜结、封口结、锁链结、网底抽结、猪尾巴结、牛桩结、连环牛桩结、橹带结、油瓶结、垛柱结、石柱结、羊角结、早头结、单垫结、跳板结。

绳结的传承有社会性松散型传承，也有师徒传承的，以社会性集体传承方式为主。东门渔村的名老大奚海鸿、周恩龙、任建奇、葛维杰、吕跃勇、黄挺等都会打比较常用的绳结。其中最有代表性的绳结传承人要数原东门渔业大队网厂杨金根师傅，他在1957年带了金道林、奚绍兴、杨爱国、叶有根、金阿通、葛永兴等一批徒弟，并把所有的织网技艺、绳结技艺全部传授给他们。

当前，为了让绳结技艺传承下去，发扬光大，东门渔村邀请奚绍兴师傅，编打了30个绳结，并陈列在村渔文化陈列馆，供大家参观、学习，以示传承与保护。

### 6. 扦网捕鱼技艺

扦网捕鱼是指用竹竿将渔网扦插在滩涂上进行浅海捕鱼的传统方式，在新桥等地的渔村中广泛运用。象山扦网捕鱼是渔民在长期的近海捕鱼作业中，通过观察、实践逐渐掌握了鱼类的生活习性及潮汐规律，不断改进捕鱼工具和捕捞方式而形成的。《象山县志》将这种方式称为“关网”，即“以竹缀网签著浅水处，高四尺余，长百丈，空其一面，潮至网没，潮退，截水得鱼”。

扦网捕鱼一般有四种形式。

第一种叫活动性扦网，俗称活扦。一般需要渔夫13人左右，渔船两只，备好长3米以上的网竹竿400余株，长约1500米、宽约1.5米的渔网一顶，竹编网仓3至5只，网兜、渔筐若干。待海潮涨平（本地收网人叫平潮）时，第一艘船的渔夫将渔船摇向“双礁下”“网井地”“当洋”等适宜扦网捕鱼作业的网地，在网苗头插下第一株网竹竿，然后每隔4米再插一株，直至将1500米的渔网插成形如半包围圈的弧形。第二艘船的渔夫紧随其后，将扦插的网竿用力插入海泥中，以防网竿被大风刮倒或被海浪冲走。接着下海沿着渔网用脚检查底网纲是否随网竿埋入海泥中，如没有，则用脚把底网纲踏入海泥里，以防海潮冲起底网纲形成漏洞逃鱼。最后将竹丝编织的网仓放在滩涂最低洼的地方，随着海潮的退去，许多鱼类为逃生而乖乖进入网仓。待潮水退到与滩涂的深度为50至60厘米左右，渔夫开始用网兜在网边捕鱼。每到这时会有许多村里村外的人赶来网边拾鱼，少的几十人，多则上百人。当捕鱼即将结束时，扦网渔夫对网边拾鱼者的鱼篓逐个检查，看到大的鱼，扦网人有权收回，留小鱼给拾鱼者带回家，据说这是扦网的行规。这潮扦网捕鱼结束后，渔夫要拔起网竿和渔网整理上船，待再次潮涨时，摇船去另一网地扦插。

第二种形式是固定式的扦网，即在潮退后在滩涂上扦插网竿，竿入海泥 80 厘米以上，插在那里半年或者一年不动，因此也叫死扦。死扦比活扦方便又省工，因为滩涂上没有海水时更容易扦插网竿以及将渔网的底网纲踏入海泥中。由于死扦长时间插着不动，选择网竿竹时要大而长，入泥也要深一些，以确保台风季节不被大风刮倒，或被潮水冲走。

第三种也属于固定式扦网，但所用的渔网不同。将本地出产的毛竹劈成条和绳索连接在一起，编织成每张长 2 米、宽 1.5 米的竹条网，当地人也叫竹篾网。竹篾网张数与网竿数量根据网地的范围大小而定，扦插程序与死扦相同，但插成的形状不同。这种方法是将竹篾网在网地上插成一个喇叭状，上口大，下口长而狭窄，在最狭窄的地方即滩涂低洼处放置一个篾制的网袋，使鱼类随海潮进入网袋而收获。竹篾网和网竿一年四季都留在滩涂上，如发现有损坏则及时调换修补。

第四种形式也是活动式，但和前面提到的活扦又有区别。它是在退潮后，将网竿连同渔网扦插在网地上，把渔网的底网纲用海泥埋好后，将渔网的上网纲及渔网整个从网竿上解下来，放在滩涂上用海泥遮住，再在每根网竿的顶部系一根绳索，绳索的下端连接在上网纲上，随后在网地低洼处或海港出口处放好网仓。涨潮时，鱼类随着潮水纷纷游入网地。待潮涨平，渔夫驾船拉起先前系在网竿项部的绳索，使上网纲高过潮位，形成一个弧形的包围圈，等潮退后捕鱼。捕鱼结束后拔起网竿，解下渔网又到另一网地继续作业。渔民也将这种方式叫作“溜网”。

上述四种扦网捕鱼的技艺是渔民在长期的渔业生产中逐渐累积的，凝聚着世世代代渔民的聪明才智，有着深厚的实用价值和科学价值，是海洋捕捞文化中不可缺少的部分。但是近几十年来，随着科学技术的发展和捕捞能力的提高，海洋过度捕捞现象严重，鱼类资源逐渐枯竭，渔民的后代纷纷走出渔村，目前除了老渔民还会零星地去扦网作业外，年轻人中已很少有人在使用这类传统的捕鱼方式。

## 七 传统体育、游艺与杂技

象山渔区传统体育、游艺与杂技是沿海居民在漫长的历史演进、生产、生活过程中形成的生产竞技、赛力竞技、游艺博弈等技艺，是极具海洋特色的非物质文化形态。

### （一）渔区传统体育竞技

象山是个半岛县，沿海一带遍布着大大小小的渔村。渔民在海上作业时，几乎与世隔绝，活动天地基本就是几平方米的船甲板。渔村的妇女除料理家务以外，就是几个女人聚在一起织渔网。在这种特殊的封闭或半封闭渔业生产、生活中，渔区人民自创了各种小范围的自娱自乐型竞技活动。

渔区的体育竞技活动，因无志书记载，具体起始时间已无处考证。据老一辈人说，在20世纪60年代初期还是比较盛行的。目前，有些活动还在举行，主要流传于象山沿海渔区。

渔区的体育竞技活动形式多样，内容丰富却通俗易懂，操作性强。主要围绕渔民平时的劳作方式展开，可谓劳逸结合，起到了强身健体的作用。体育竞技活动内容都是在传统劳作形态中衍生出来的，大致有以下几种：

### 1. 摇橹比赛

千百年来，渔区渔民在海上耕海牧渔，船是渔民的生产和交通工具，摇橹是行船必不可少的组成部分（动作或内容）。

摇橹比赛的种类有大捕船的单橹双人摇、单橹四人摇，红旗船的三橹三人摇，舢板的单橹单人摇、双橹双人摇，等等。各种比赛都是以船为单位进行的，没有固定的时间和地点。有时在出洋时，有时在返航时；也有时在生产中，在去大陆的途中；甚至还有时在相亲、迎亲、送亲的途中；等等。

### 2. 拔蓬（帆）比赛

古时，渔民捕鱼用的都是木帆船，风是船航行的重要动力能源，而蓬则是充分利用风力作用来控制船速的重要组成部分。

拔蓬的种类有三人拔、四人拔、六人拔和七人拔四种。渔民的拔蓬比赛都是自发的，平时出海或返航，只要有人发起，就可以进行比赛。

不管是几人拔蓬，除一根长力（拔蓬的绳索，渔民称长力）用来拔蓬外，其余所有的绳索（渔民叫撩丝）都由老大（帆船掌舵的）掌控。

拔蓬时，渔民们各就各位，喊着号子，有节奏地往上拉，随着吃风（风刮在蓬上的压力）越来越大，拉的速度越来越慢，号子就从“小号”转为“大号”，整个渔港码头就成了号子的海洋。

渔民的拔蓬比赛也是自发的，平时出海或返航，只要有人发起，就会有很多渔船响应，有时整排整排的渔船（相同的船型）一起参加比赛，大家一起拉，看哪一条船最快把蓬升好，先者为胜。

### 3. 提压石比赛

压石是渔船上用来降低船的重心，使船平稳，缓冲或减少风浪的冲击力的重物，是用粗旧网把石头装成大小不一的固定体，种类分为：大号（约150斤）、二号（约120斤）、三号（约100斤）、四号（约80斤）、五号（约60斤）。渔民根据渔船的大小，确定放置压石的总重量。

20世纪60年代以前，渔民在海上捕鱼避风休渔或渔船返航靠岸后的空闲时间里，为了丰富闲暇时间，往往几个人或几条船上的人，聚在一起进行提压石比赛。

提压石比赛分为一条船中人与人之间的比赛和几条船上人与人之间的比赛两种。比赛的路径是从船的中仓到船头，再从船头到中仓为一个来回，一个来回为一圈。

### 4. 织网比赛

一张渔网有的长一百多米，也有的长几十米（不同种类的捕鱼方法，所用的渔网的长度也不一样）。织渔网时，把整张渔网分成若干段，一人或几人织一段。

平时渔村妇女们参与比赛的组数或人数非常灵活，可根据聚在一起织网的人数，或愿意参加的人数多少而定，可多可少，但必须有两人或两人以上才能比赛。织网比赛分为单人织网比赛和多人织网比赛两种。

此外，渔区的竞技活动还有滚冰桶比赛、抛缆绳比赛、溜绳比赛、拔网比赛等等。

## （二）渔区少儿传统游艺

### 1. 黄鼠狼吃鸡

俗称“黄鼬吃鸡”，又叫“老鹰抓小鸡”。多人参加，由一人扮黄鼠狼，一人扮老母鸡，其余皆为小鸡。小鸡拉住老母鸡的后衣襟，且一个拉一个。老母鸡张开双臂保护小鸡，小鸡依次紧随其后。黄鼠狼窜入鸡群左追右扑，瞅准机会猛扑过去抓小鸡，若抓不过来依旧充任黄鼠狼，若抓住一只小鸡，则被抓者充任黄鼠狼，原充任黄鼠狼者改扮小鸡，游戏再次开始。

**2. 骑竹马**

这是一种传统的民间游戏。儿童用竹竿置于胯下当作马，手拖竹竿来回奔跑，故称骑竹马。《后汉书·郭汲传》记载："有童儿数百，各骑竹马，于道次迎拜。"唐白居易《赠楚州郭使君》诗曰："笑看儿童骑竹马，醉携宾客上仙舟。"唐李白《长干行》中亦有"郎骑竹马来，绕床弄青梅"的诗句。

**3. 滚铁环**

一种传统的民间儿童游戏。铁环有扁铁和圆形钢筋两种，俗称"桶箍"。用一铁丝弯成铁钩，推动铁环往前滚，发出"哗唧哗唧"声。孩子们自行组织，比速度，比技术，后逐渐成为一项体育活动。

**4. 折纸**

折纸是一种十分普及且随处可见的儿童娱乐形式。可用各种纸折成各种动物、器具的形状，如马、鸟、猴、鹤、车、船、房、桌、偶人、衣裤、风车、食品盒、金鱼、花儿等。折纸可以开启儿童智力，增添人们的生活乐趣。

**5. 捉迷藏**

相传源于唐代的宫廷游戏。现在玩者多为儿童。以巾裹目，互相捉摸。也有一人裹目（谓之"瞎子"），在划定的区域内捉摸他人的，被捉摸者不能出声，让"瞎子"猜是谁。如果猜错则继续再捉摸；如果猜对了，就由被捉摸者充当"瞎子"。

第 四 部 分

# 象山海洋非物质文化传承

# 一 象山海洋非物质文化遗产价值

海洋非物质文化遗产是一座内涵非常丰富的宝藏。象山诸多海洋非物质文化遗产能够成为国家级、省级非物质文化遗产保护代表性项目，与它深厚的历史底蕴、丰富的民俗等文化价值密切相关。

## 1. 文化艺术价值

非物质文化遗产中的相当大一部分是以某种艺术形式呈现在人们面前的，人们能够感受到的首先便是它们的艺术之美，能够认识到的首先也是它们的艺术价值。如象山渔民号子、龙灯锣鼓、细十番 、爵溪渔鼓、东门船鼓等，需要凭借演艺者和一定的乐器、道具以及表演过程等物化的载体与形式加以呈现，这必然涉及精湛的技艺、独到的艺术构成与精巧的艺术构思等。非物质文化遗产在被定义之前，大部分以一种艺术形式存在，它们反映出一个民族的审美情趣、审美理想与艺术创造力。这些遗产与人们的生活相伴，人们将之视为一种艺术形式去欣赏，去品鉴，去使用。因此，我们可以说，艺术价值是非物质文化遗产的固有价值，是这些非物质文化遗产生而有之的。

象山渔民号子，由传统渔业生产上的渔民号子和海洋运输业中的船工号子等组成，作为浙东渔歌中一种极具特色的民间艺术形式，其品种相对较全，曲调粗犷优美，有着鲜明的海洋文化特征，具有独特的文化艺术价值。象山渔民号子通过各种不同作业的号子歌唱来振作精神，统一节奏，大大减轻劳动者的体力消耗，增强了劳动者的劳动热情。同时，又代表着象山地区渔民日常作业时的娱乐消遣，融入了象山地区的民歌、渔歌、戏曲等音乐元素。每一个号子都是一幅生动的渔民劳动实景，让人真真切切地感受到渔民那种豪迈、粗犷、开朗的性格。

**2. 独特历史价值**

非物质文化遗产是在特定的历史条件下产生的，是从某一地区、某一民族深厚的传统文化、悠久的发展过程中，历经岁月沧桑，保存、流传下来的。例如，有象山海洋民间文学就承载着丰富的历史，反映着历史文化传统和文化变迁，是现代和传统之间流动的见证，我们可以从中活态地了解不同历史时期的生产发展水平、社会组织结构、生活风貌、道德习俗和思想禁忌。

象山渔民号子是传统海洋渔业作业的产物，是在传统渔业、海运业的时代背景下产生、发展、兴盛起来的，是原始手工化生产的文化载体。随着海洋渔业劳动方式的逐渐现代化和高科技化，它趋于濒危，所以成了区分传统与现代渔业、海运业的分界线。因此，象山渔民号子承载了象山渔业的发展历程，具有重要的海洋历史价值。

因此，象山海洋非物质文化蓄积了沿海区域不同历史时代的精粹，保留了最浓缩的地域特色，承载了过去，孕育着未来。人们可以通过有形的文化遗产和无形的文化遗产同遥远的祖先沟通，看到他们的身影，了解他们的生活状态，了解他们的思想，感受他们的情感和智慧，辨认出他们一步一步走过来的脚印。这就是海洋非物质文化遗产的历史价值所在。

### 3. 生态范本价值

2010 年 6 月，象山县被文化部批准设立海洋渔文化（象山）生态保护实验区，成为全国唯一的以海洋渔文化为保护内容的国家级生态保护区。国家级海洋渔文化（象山）生态保护实验区是指以象山县行政区域的自然环境和社会环境为依托，通过对以活态传承的非物质文化遗产采取科学保护，以形成对海洋渔文化进行整体性保护的区域。其保护范围为象山县全境，保护内容包括四级非物质文化遗产代表性项目名录体系，代表性传承人名录体系以及相关的物质载体、文化场所和自然环境。通过对海洋渔文化生态保护区的建设，保护和传承文化遗产，培育现代文化生态和谐理念，建立文化生态体系，从而实现人海共生、和谐发展的局面。

余秋雨先生 2006 年考察石浦的海洋文化后说："石浦是活着的古渔镇。"余先生的评价道出了石浦现存海洋文化的价值真谛。石浦镇现有纯渔村 12 个，渔业人口 1.8 万，因休渔、开渔连续举办了二十余届的中国（象山）开渔节，在海内外影响深远。1998 年，浙江象山开始创办中国（象山）开渔节，每年一届举行的开渔节具有浓郁渔乡文化风情和海滨旅游特色。"一敬酒，感恩海洋；再敬酒，波平浪静；三敬酒，鱼虾满仓。"浑厚洪亮的祭祀话，整齐划一，响彻云天，回荡于海面，这震天的呼声来自参加开渔节祭祀环节的近百名渔家汉子。祭祀的高潮部分是"放生"环节，在主祭人、陪祭人的带领下，渔童们双手捧着装有鱼、虾、蟹等幼苗的小鱼缸，走向大海放生，表达善待海洋、保护海洋、"欲取之必先予之"的传统生态理念。

### 4. 产业开发价值

非物质文化遗产保护工作的方针十分明确：保护为主，抢救第一，合理利用，传承发展。因此，在做好抢救与保护的前提下，对象山海洋非物质文化加以合理利用，适当将其转化为经济资源，合理开发利用其经济价值，是保护的一个重要方面；同时，更要认识到，从发展文化创意产业角度去充分利用丰富的海洋非物质文化，会为其带来不失本色的蓬勃生机。可以说，将海洋非物质文化中有转化条件的资源转化成为现实经济发展，转化为文化生产力，进而获得经济效益，才会使其具有持久的、有深厚基础的传承。消极的保护难以长久，只有积极的保护，才是持久的保护。

石浦境内的山海风光优美，渔区风俗鲜明独特，文化古迹遍布，自然生态、物质生态、文化生态交相辉映，共生共荣。特别是以渔文化为核心的各种民间节庆和民间艺术，以其丰富的内涵和独特的魅力，促进了旅游业的发展。集文化、旅游、经贸活动于一体的中国（象山）开渔节，具有丰富的文化内涵和鲜明的渔乡特色。每年开渔节上，渔港妈祖巡安活动是对象山“文化密码”的一次探寻，千船竞发的开渔盛况、庄严肃穆的祭海典礼展现着“中国渔文化之乡”的魅力。以祭海典礼、妈祖巡安、开船仪式等为代表的民俗活动，将传统文化、民俗特色和时尚元素进行综合演绎，使深厚的渔区民俗文化得以完好传承。在“渔乡狂欢节”的热闹气氛中，象山人积极开展经贸活动，开渔节已成为一棵招商引资的“梧桐树”。中国（象山）开渔节为象山经济发展增添了动力，激活了文化旅游的因子。第十七届开渔节期间，象山向海内外游客推出了象山海鲜之旅、黄金海岸观光游、“东海第一网”等活动，开通了感恩海洋起航之旅、开渔全体验之旅、滨海露营之旅和象山品鲜之旅等多条旅游线路。

目前，象山一系列海洋非物质文化本身已经成为炙手可热的旅游资源，有的正逐步走向品牌化和产业化，成为拉动旅游经济增长的亮点。

**5. 精神激励价值**

象山非物质文化是象山先民在独特的地域环境和生存状态下，因生活和精神需求而形成的心理和文化积淀。这种积淀过程，在精神层面也熔铸了有别于内陆文化的特质。其一，从运作机制来看，它具有交流性与协作性。渔民们只有相互协作，依靠团队的力量才能在浩瀚的大海中有所获取，同时交流鱼汛对于鱼获的多少有着至关重要的意义，正是这种生产方式形成了象山渔民注重团队协作和相互交流的意识。其二，就价值取向而言，它具有崇商性和慕利性。沿海居民没有可供农耕的土地，若无贸易，他们的生活资源就只有鱼鳖虾蟹。贸易交换成了理所当然的日常生活方式，并由此衍生出极具特色的海商文化。其三，就精神向度而言，它具有兼容性和开放性特征。面朝大海的劳作方式和外来文明的撞击砥砺，形成了象山文化精神中的开放与兼容。其四，从审美意蕴来看，它具有精细性和壮美性，这一特征在象山渔民豪放粗犷的渔家号子、船鼓表演等艺术门类中得到鲜明体现。更主要的是，这些非物质文化精神的核心元素，在新时期，又有了更新的演进：第一，传统渔文化中天道酬勤的苦干精神和“众人划桨开大船”的协作精神得到了前所未有的弘扬；第二，传统的知恩图报、义薄云天的道义之说和忧患意识被赋予时代的特征加以弘扬；第三，是兼容并蓄、勇于进取的特性得到了前所未有的强化，最终成为象山人“海纳百川、勇立潮头”的时代精神。这种精神实质与传统渔文化精神一脉相承，对我们今天和将来的经济文化建设具有深远的激励作用。

## 二 象山海洋非物质文化保护与传承

非物质文化保护与传承，关系着文化血脉的延续。正如中国艺术研究院专家吴文科在中国非遗保护论坛上所言：“当下的非遗保护就是对于传统的美好精神图景与美好心灵品性的传扬与承续；对于当前人心扭曲和人性迷失的矫正与救赎；对于真正人的生活的切实追寻；也是对于‘建设美丽中国’理想愿景的最好响应。”

虽然象山在非物质文化遗产保护传承方面做了大量的工作，然而一个不争的事实是，很多非物质文化遗产项目，尤其是一些传统民俗、舞蹈、戏剧等项目，多形成于农耕文明，依赖于其特殊的生活生产方式，由于时代的变迁和发展，部分项目已失去存在的土壤。而非物质文化遗产保护与传承最大的特点是口口相传，人在艺在、人亡艺亡，这就导致非遗保护继承相当困难。象山制盐的历史可追溯到汉代，《新唐书・地理志》等史书记载象山一带已产盐，象山制盐距今已有一千三百多年的悠久历史。2008年6月，象山县申报的“海盐晒制技艺”被列入第二批国家级非物质文化遗产名录。但如今新桥盐场的盐农大多转行，村民将盐田改作海鲜养殖场，盐场规模缩小了，海盐晒制技艺面临失传。

党的十九大报告提出，要“坚持创造性转化、创新性发展，不断铸就中华文化新辉煌”。我们认为，只有创造性转化、创新性发展，才能让象山海洋非物质文化遗产的优秀基因、智慧元素不断延续，并发扬光大，展现永久魅力和时代风采。

### 1. 夯实传承基础，促进象山海洋非物质文化科学保护

习近平总书记指出，“中华优秀传统文化是中华民族的精神命脉，是涵养社会主义核心价值观的重要源泉，也是我们在世界文化激荡中站稳脚跟的坚实根基”。

保护是传承的前提，延续是发展的基础。象山要努力统筹海洋非物质文化资源的保护工作，使得精神命脉得以延续，使得优秀文化基因得以相传。推进实施《海洋渔文化（象山）生态保护实验区总体规划》，要推动实施石浦老街文化空间保护、东门岛文化空间保护、海洋渔文化博物馆建设、非遗传承人保护、非遗数字化保护、非遗进校园、学术研究、海洋渔文化凝聚力八大重点工程。

完善四级非遗项目名录体系和代表性传承人名录体系，在全县所有镇乡（街道）全部建成非遗综合性传习中心，深入推进非物质文化遗产项目、传承人和传承基地“三位一体”保护体系建设，打造非物质文化遗产保护传承良性软环境；推进非遗工作与信息化科技结合，用现代数字化手段提升非遗保护工作水平，建立全县非物质文化遗产保护信息化工作体系和综合性的县级非物质文化遗产数据库。以非遗基地建设为抓手，综合考虑项目传承基地、传承教学基地、传统节日保护基地、非遗生产性保护基地建设，拓展传承载体。

继续深入开展象山海洋非物质文化调查、挖掘和科学评价工作，建立全面系统化的非物质文化数据库。进入2000年以来，象山县渔文化研究会等研究团体，挖掘整理海洋文化资料，开展理论研究学术交流，编辑出版海洋文化作品。已经编辑出版《中国历代咏渔诗词三百首》《象山海鲜诗词一百首》《张明珠书象山海错诗》《象山石浦海鲜十六碗》《象山妈祖文化述略》《象山渔乡民间故事》《中国渔文化印谱》等，较为系统地梳理了海洋文化。下一阶段，将继续做好重点工程建设项目的抢救性考古调查、勘探、发掘，加强对考古新发现的重要地下文物遗迹的保护。结合海洋渔文化名镇名村保护，鼓励有条件的镇、村、岛、街申报创建“象山县海洋渔文化生态保护实验区示范基地（示范点）”，重点推出集海洋渔文创、渔美食、渔贸易、渔艺术、渔非遗、渔运动于一体，渔业生产、渔民生活、渔村生态“三生融合”的特色渔文化小镇，发挥好保护和传承渔文化的集成效应和辐射带动效应。

注重开展对非物质文化教育、保护和传承的学术研究，通过积极筹建非物质文化研究会，扶持壮大渔文化研究会、苍水文化研究会等研究团体，主办承办高端学术交流会议，主动对接高校及社科研究机构建立教学科研基地、社科普及基地和素质拓展基地，进一步挖掘非物质文化的内在价值，深化对非物质文化的系统性研究，让非物质文化的保护和传承理念真正走出去，“飞入寻常百姓家”。

**2. 深挖文化内涵，赋予象山海洋非物质文化时代意蕴**

习近平总书记强调：“对历史文化特别是先人传承下来的价值理念和道德规范，要坚持古为今用、推陈出新，有鉴别地加以对待，有扬弃地予以继承，努力用中华民族创造的一切精神财富来以文化人、以文育人。”①

要推进优秀传统文化的创造性转化和创新性发展，就必须按照时代特点和要求，对那些至今仍有借鉴价值的内涵和陈旧的表现形式加以改造，赋予其新的时代内涵和现代表达形式，激活其生命力。与社会主义核心价值观的“三个倡导”相互契合，象山海洋非物质文化包含了重民本、尚合和的思想观念，倡德行、崇日新的人文精神，守家国、讲仁义的道德规范。这些思想观念、人文精神和道德规范，浓缩了象山人民的精神追求，提炼了海洋文化的精神内核，具有历久弥新的时代意涵，是实现海洋非物质文化创造性转化和创新性发展的最内在和最根本的力量。

如象山的海洋渔文化注重民本情怀和德行观念。象山东门岛既是一个海岛渔业村，也是一个闻名遐迩的海洋渔文化的“活化石”。过去，海岛上的居民乞求神灵庇佑，每逢重大节日，东门岛人都会去庙中祭祀，并请民间戏班子来庙中演戏。这些庙宇是东门岛人海洋信仰文化的重要寄托和外在物化形式，其中比较有名的如天后宫和王将军庙。天后宫是为纪念妈祖而建的。相传妈祖曾随父兄来东门谋生，妈祖乐于助人，为了不让海上的船只迷路，深夜里她总是站在高峰举着火把为船员指引航向，她英年早逝，渔民认为她“升天”了，于是造庙供奉。正如妈祖庙里的楹联所言：“生于庶民益于贫民恩披黎民；出于湄州功亏九州惠播神州。”“岛以

① 《把培育和弘扬社会主义核心价值观作为凝魂聚气强基固本的基础工程》，《人民日报》2014年2月26日。

妈祖秀，一港澄明映日明；人因天妃福，万民款洽辉春秋。”如今，这种妈祖信仰凝聚起来的孝敬长辈、关爱他人、精诚互助的道德观，舍己为人的品行依然在东门岛代代相传。王将军庙则是为怀念元末曾任东门巡检司司事的王刚甫而建的。史载王刚甫摄巡检后严明军纪、爱民如子、处事公正，深得百姓拥戴，百姓遇有纠纷，都不去县衙而到东门求王公断。王刚甫在东门任职 6 年，民生富庶，后受人诬陷，被捕入狱，卒于南京狱中。东门岛百姓感念其泽自发建了王将军庙，同时在每年农历六月廿三日王刚甫诞辰日都要在庙里演庙戏以纪念这位为国为民的廉吏。高悬在王将军庙戏台台柱上有一副对联：“优孟衣冠启后人，戏台方寸悬明镜。”对联充分体现了“以民为本”的情怀。

再如，象山的海洋渔文化也注重人与自然的和谐相处。过去举行开洋谢洋节，为了感恩大海、祈求平安，保佑风调雨顺；如今随着海洋资源的进一步枯竭，保护渔业资源已经越来越内化为渔民们的自觉意识：出海前夕，渔民总是带足垃圾袋，把生产、生活垃圾收集起来，返航带上岸处理；为了保护渔业资源，象山东门村一带的渔民一般都会自觉提前休渔，并于 2000 年提出再将禁渔期延长半个月的建议，同年 21 位石浦渔民发起以“提倡海洋环保，宣扬海洋文化”为主题的“中国渔民蓝色保护者志愿行动”，这是我国首个保护海洋生态的非政府组织；如今，一年一度的中国（象山）开渔节，就是通过挖掘传统的海洋渔文化资源并赋予其鲜明的时代特征，来唤起人们感恩海洋、保护海洋的可持续发展意识。

### 3. 引导社区参与，促进象山海洋非物质文化有效传承

公众参与是象山海洋非物质文化有效传承的动力源泉。可以采用非遗进校园的方式，让低龄段的孩子听、学、唱渔区歌谣，学讲故事，感知渔文化，同时鼓励初高中学校聘请非遗传承人、民间艺术大师为外聘教师，将民间工艺设为课程。同时设立“文化凝聚力工程”，让人人都参与到非

遗文化的保护和传承中来，通过节庆活动、媒介传播等方式，让非遗文化走进人民心中。在象山人们参与非遗传承的积极性一直比较高。东门海岛之妈祖文化相关项目（国家级非物质文化遗产“象山祭海”），均依靠民间力量，民众集资50多万元修整天妃宫，集资100多万元新立玉石妈祖雕像等；渔山岛如意文化相关项目，由台湾台东富岗新村和石浦渔山岛两岸民众自发筹资数十万元，重修了渔山娘娘庙，使国家级非物质文化遗产“妈祖信仰及迎亲习俗”项目，有了一个实质性的传承基地；东门船鼓、爵溪渔鼓、石浦细十番、昌国抬阁、延昌鱼灯、龙灯、马灯、狮舞、船模制作、剪纸、竹根雕、农民画、农村剧团、大塘红庙庙会等遍布全县的上百支民间文艺队伍，均积极自发活动，传承有人；晒盐技艺、水车制作等传统技艺项目，用带徒传艺的方式进行传承，通过生产性保护获得经济效益，吸引更多人学习与传承；对渔民开洋节、如意信俗等民俗活动类项目，以民间主导的方式开展活动，同时丰富形式令其重获生命力；对唱新闻、鱼灯舞等音乐表演类项目，通过建立传承或表演场所，定期表演，培养更多的热爱者和参与者。

### 4. 搭建文化平台，促进象山海洋非物质文化传承创新

借助非物质文化传承平台，可以在资料实物收集保存、传承人开展传习活动、项目展示宣传、社会传播教育等方面发挥巨大作用。我们认为，象山海洋非物质文化创新传承可以借助以下主要平台：

一是海洋渔文化（象山）生态保护区平台。2019年12月，文化和旅游部公布国家级文化生态保护区，海洋渔文化（象山）生态保护区榜上有名。该保护区以象山县行政区域的自然环境和社会环境为依托，对象山全境的海洋渔文化进行整体性保护。象山成为全国唯一的以海洋为主题、以县为单位、不跨区域的文化生态保护区，也是浙江省唯一的国家级文化生态保护区。保护区内有渔民开洋节、谢洋节、石浦—富岗如意信俗、海盐

晒制技艺、象山渔民号子等国家级非遗 6 项、省级非遗 15 项、市级非遗 46 项，涵盖民间文学、传统音乐、传统舞蹈、曲艺、传统技艺、民俗等非遗门类。保护区以开展大型宣传展示活动、布点建设综合性传习中心、抢救恢复濒危项目、举办公益类技能培训、成立非遗保护志愿者队伍等方式开展建设工作，在全县逐渐形成文化认同不断加深、民众参与愈加广泛、保护意识不断提高的海洋渔文化保护氛围。

二是中国（象山）开渔节平台。一年一度的开渔节主体活动项目有祭海典礼、开船仪式、妈祖巡安等，其着力展现的正是象山丰富的渔文化内涵。通过传统的祭海仪式，在政府的引导下，渔民群众参与祭海活动，凸显出祈求平安丰收、人海共荣的宏大主题；开船仪式港面千帆竞发、气势恢宏、蔚为壮观，吉祥喜庆的气氛贯穿始终，充分表达了出海渔民的喜悦感情，使渔文化内涵得到较好的演绎；妈祖巡安则在创新中不断扬弃，充分展示人海和谐的渔区文化气息。中国开渔节还举办全国渔歌号子大赛、渔家服饰比赛、渔文化摄影大赛等活动，象山本地的许多渔区文化节目走上了表演舞台，从而走向了全国。通过开渔节这一载体，象山不仅让散落在渔区、海岛、渔民生活中的踩街、对歌、抬阁、挂鱼灯、舞龙灯、跑马灯等一系列古老的民间活动纷纷登台亮相，重新焕发出了新鲜而持久的活力，还在推动渔文化保护、研究、创作、交流、产业化等方面发挥了积极的作用。

**5. 以旅游为抓手，促进象山海洋非物质文化活化利用**

党的十九大报告指出，要健全现代文化产业体系和市场体系，创新生产经营机制，完善文化经济政策，培育新型文化业态。文化要实现可持续发展，必须注重产业化这个发展动能，必须夯实文化发展的物质和经济基础，实现在发展中保护，在保护中发展。

首先是要挖掘象山非物质文化产业潜能，做大做强特色文化产业。结合象山的产业和资源基础，整合多元形态非物质文化遗产，坚定不移做大做强海洋文化旅游产业。将海洋非物质文化与旅游融合发展纳入象山“十四五”发展规划和全域化旅游发展规划，打造“一心引领、两级崛起、四区联动、全域发展”的空间格局。“一心引领”，即以石浦渔港古城、中国渔村、东门岛等景区为核心，打造石浦海渔休闲小城、环石浦港海洋（渔）文化体验区；“两地崛起”即依托半边山和花岙岛景区构建半边山滨海旅游度假区和花岙岛海洋生态旅游区；“四区联动”即打造檀头山海岛运动度假区、鹤浦海韵乡村休闲区、高塘海岛农业体验区和渔山岛海岛生态观光区；“全域发展”即以“点线面”为示范，通过兰家村、沙塘湾、乌岩头、大南田等乡村景点的示范打造，带动全域旅游的发展。同时，在持续提升半岛观光、滨海度假、休闲捕捞、海鲜美食、文化体验、节庆旅游等产品质量的基础上，深挖象山海洋非物质文化内涵，构建海洋旅游演艺、海洋博物馆、渔港情景夜游、海洋主题酒店、海洋文化主题公园等高品质特色海洋旅游产品体系，丰富象山旅游产品内涵，打造旅游品牌。

其次，创新思维，开拓海洋非物质文化与旅游融合新局面。充分利用现代经营理念和现代高新技术，创新旅游发展业态，持续打造象山海洋非物质文化与旅游融合发展新的增长点。一是以文促旅实现文旅融合，为现有旅游产品植入海洋文化基因、嫁接海洋文化元素，提升海洋旅游产品的文化品位和文化内涵。例如，在石浦古镇、中国渔村等景区内，通过引入独具特色深挖体验式、参与式、互动式文化活动，引发游客的文化共鸣，提升旅游品质和经济社会效益。二是以旅彰文实现文旅融合，为象山海洋非物质文化的传承和弘扬打造旅游载体，扩大文化传播的公众接受面，有效拓展文化市场。通过开发公众喜闻乐见的旅游产品和艺术形式，借助旅游经济活动普及文化知识，可以有效提升象山海洋文化宣传和文化传播的效率。三是以现代高新技术促进文旅融合。推动海洋非物质文化旅游与高新科技深度融合，运用物联网、人工智能和仿生仿真技术等，大力开发文化旅游创意和新型海洋文化旅游产品，培育文化旅游发展新动能。四是打造品牌形成市场竞争新优势。通过加强海洋非物质文化旅游宣传、优化旅游线路，组织和创新海洋非物质文化旅游产品营销，推动象山海洋非物质文化旅游从“资源时代”和“产品时代”进入“品牌时代”，不断扩大“东方不老岛，海山仙子国”品牌效应，从而有效提升象山品牌影响力和市场竞争力。

再次，完善配套，积极改善象山非物质文化活化利用环境。加快象山旅游高质量发展，必须全面提升旅游基础设施和配套服务水平。一是在便捷交通上实现突破。借助长三角区域一体化发展、国家“一带一路”倡议、杭州亚运会筹办等国家战略和大事推进落实的历史机遇，着力发展和完善旅游交通网络。健全公路、铁路、海上等多种方式联程运输，构建多节点、网格状、全覆盖的互联互通、高效便捷的立体化、综合性旅游交通体系，实现对外衔接、对内畅通。加强海岛、渔村之间的交通连接，适时开通游艇服务，方便游客进出海岛游玩。二是在文化基础设施建设上实现突破。适应公众素质提升和文化消费升级的需要，大力加强文化基础设施建设，增加普及性文化产品供给，全面改善文化旅游消费环境。三是提升海洋文化旅游配套服务。加强旅游市场管理，优化提升营商环境。健全和完善文化旅游质量标准体系，加强旅游从业人员培训，提高旅游服务人员专业素质和文化素养，创新文化旅游服务产品，打造旅游服务品牌，以优质服务提升象山海洋文化旅游综合竞争力。

# 参考文献

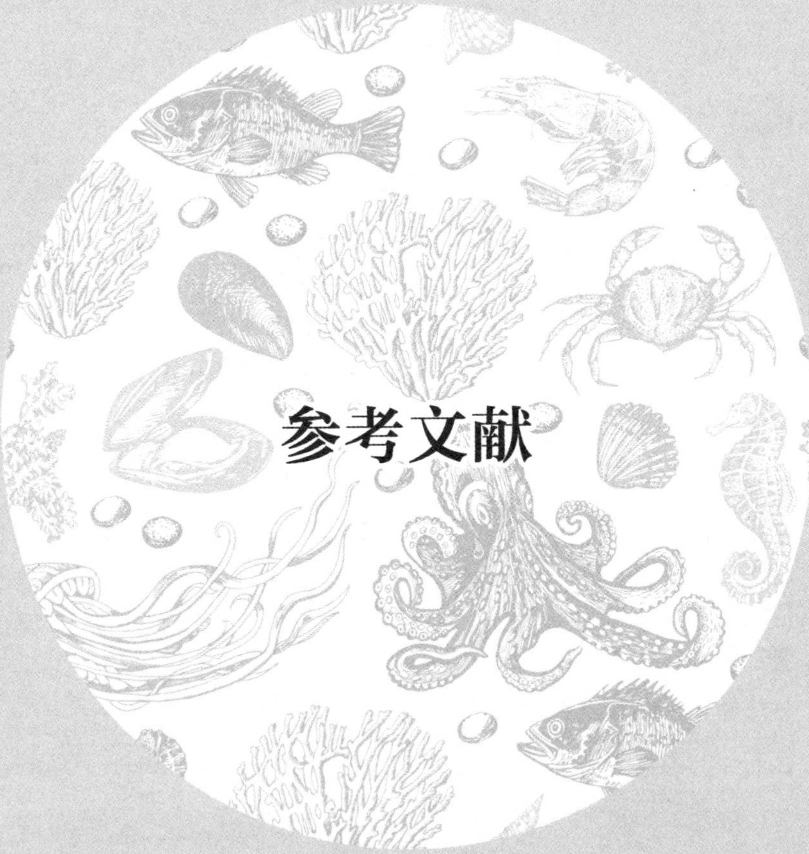

［1］朱永林．象山渔文化简明知识手册［M］．宁波：宁波出版社，2016.
［2］陈汉章．象山县志［M］．台北：成文出版社，1973.
［3］解亚萍．象山渔民开洋节［M］．杭州：浙江摄影出版社，2014.
［4］王颖．中国海洋渔文化研究与象山实践［M］．北京：海洋出版社，2018.
［5］罗杨．中国民间故事丛书（象山卷）［M］．北京：知识产权出版社，2015.
［6］郦伟山．渔文化研究［M］．北京：中国文史出版社，2009.
［7］余维新．象山县渔业志［M］．北京：方志出版社，2008.
［8］汪志铭．甬上风物 宁波市非物质文化遗产田野调查［M］．宁波：宁波出版社，2009.
［9］《象山县地名志》编纂委员会．象山县地名志［M］．杭州：浙江人民出版社，1995.
［10］象山县志编纂委员会．象山县志［M］．杭州：浙江人民出版社，1988.
［11］郑辉．中国民间故事丛书 浙江宁波象山卷［M］．北京：知识产权出版社，2015.

[12] 覃业银，张红专．非物质文化遗产导论［M］．沈阳：辽宁大学出版社，2008.
[13] 蔡丽欣，李广志．象山徐福传说——一份珍贵的非物质文化遗传［J］．黑龙江史志，2015（1）.
[14] 谢立光．象山渔事风情［N］．今日象山，2013-1-8（5）.
[15] 蒋文森．漫议象山方言成语［N］．今日象山，2015-8-4（5）.
[16] 励东升．新时代海洋渔文化的创造性转化和创新性发展研究［N］．今日象山，2018-12-12（7）.
[17] 鲍展斌．中国海洋“非遗”的传承与开发［N］．中国海洋报，2015-4-21（3）.

# 后 记

非物质文化遗产是一种看得见、记得住的乡愁。这种乡愁是一首永远唱不尽的歌曲，是一段不能忘却的记忆，是一种萦绕在心头的信仰，是一种广阔的文化情怀。

位于东海之滨的象山县有着悠远漫长的历史，在这片山青水蓝的半岛上，既孕育出渔乡特色的风土人情，也孕育出丰富的海洋非物质文化遗产。象山县拥有国家级非物质文化遗产名录 6 项、省级名录 13 项、市级名录 33 项、县级公布名录 144 项，才华剪纸艺术馆、德和根艺美术馆和船文化展示馆被列入宁波市非物质文化遗产博物馆，德和根艺美术馆还被评为省级生产性保护基地和宣传展示基地，“石浦渔港古城”被列入省十大非遗旅游经典景区之一。2010 年 6 月，文化部正式批准象山设立海洋渔文化（象山）生态保护实验区。这是全国唯一的以海洋渔文化为核心的生态保护区、浙江省唯一的国家级文化生态保护区，也是目前唯一的以县级行政区域为单位的国家级文化生态保护实验区。

古老独特的晒盐技艺、久远瑰丽的徐福东渡传说，增添了象山人历史记忆的厚度；内容丰富的如意信俗、大气磅礴的渔家号鼓，敲响了象山历史文化的余音；象山唱新闻、象山竹根雕、石浦开洋谢洋节……每一个海洋非物质文化遗产项目都承载着文化的内涵，寄托着人们的种种乡愁。

虽然象山在海洋非物质文化保护传承方面做了大量的工作，然而一个不争的事实是，很多海洋非物质文化遗产项目，尤其是一些传统民俗、舞蹈、戏剧等部分非遗项目，依赖于其特殊的生活生产方式，由于时代的变迁和发展，已失去存在的土壤。而非遗保护最大的特点是口口相传，人在艺在、人亡艺亡，这就导致非遗保护继承相当困难。如何保存海洋非物质文化根脉，保护人类的精神家园，守护失落的美丽“乡愁”，是我们不得不面对的问题。

党的十九大报告提出，“中国特色社会主义文化，源自于中华民族五千多年文明历史所孕育的中华优秀传统文化”，要“坚持创造性转化、创新性发展，不断铸就中华文化新辉煌”。非物质文化遗产是中华优秀传统文化的重要体现和标志，只有创造性转化、创新性发展非物质文化遗产，才能让非遗中的优秀基因、智慧元素不断延续，并发扬光大，展现永久魅力和时代风采。为了更好地保护、传承象山海洋非物质文化遗产，我们在汇聚前人智慧的基础上，编写了《传统·传承：象山海洋非物质文化》这一通俗读本。该读本精选了100余项海洋非物质文化遗产项目，按照海洋信仰、民间文学、地方方言、传统民俗、民间艺术、传统体育、游艺与杂技、传统技艺这七大类进行系统阐述，力求全面展现象山海洋非物质文化遗产丰富多彩、异彩纷呈的面貌。期望该读本的出版能够引起社会对象山海洋非物质文化创造性转化、创新性发展、科学性保护的重视，传承民族魂脉，守望精神家园，记住美丽乡愁。

该读本在编写过程中，得到浙江省新型重点专业智库——宁波大学东海研究院的大力支持。在资料采集上，我们通过数次实地考察获取第一手资料，同时广泛吸收前人研究成果，特别是认真阅读与细致梳理了《今日象山》自2010年至2019年每一期的内容，较为系统地掌握了象山海洋非物质文化及其生存状态。该读本在引用国内外专家学者成果时，尽可能在书末一一注释加以说明，若有遗漏，敬请见谅，在此一并感谢！同时，感谢浙江工商大学出版社任晓燕老师为本书的出版付出了大量的时间与精力。

尽管我们想把该读本做得尽量完美，但由于理论水平与实践经验所限，疏漏之处，在所难免，恳请专家与读者批评指正，使之更加完善。

苏勇军

2019 年 9 月